桑田 泉 Izumi Kuwata

1969年生まれ。PGAティーチングプロA級。学生時代は野球に専念。PL学園高校で甲子園春夏連覇、青山学院大学では東都リーグ2度優勝。元プロ野球選手の桑田真澄は実兄。卒業後、ゴルフ修行のため渡米。2000年「よみうりオープン」でツアーデビュー。その後「ゴルフアカデミー　イーグル18」を設立、多くのアマ、プロを指導。「2010ティーチングプロアワード最優秀賞」受賞

CONTENTS

第2章 「ダフリ」を意識するほど「芯に当たる」

第3章 「4分の1」が変わると「飛ぶ、曲がらない」

第4章 スコアを減らしながら身につく「クォーター理論」習得法

第5章 「クォーター理論」ならどんなライからでも「乗る、寄る」

第6章 「右で振る」と飛距離は「グングン伸びる」

第7章 心がけで差がつく「ラウンド直前ドリル」

序章

「ボディターン」ではスライス、ザックリ、飛距離ダウンは止まらない

×伸び上がり
クラブの遅れを追いつかせるために、伸び上がって身体を止める
×合わせ打ち
手先でフェースを戻そうとするため、ブレーキがかかって飛ばない

練習しても上達しない本当の理由

「土台《手打ち》」のない所に「理論《ボディターン》」は通用しない!!

スタート時点での勘違いが元凶

ゴルフを長年続けているのに、なかなか上達できない。たまにスコアで90を切れても、また100以上叩いてしまう……と悩んでいるアマチュアの相談を受けることが多い。

スコアメークには、コースマネジメントやメンタルといった要素も絡んでくるが、このレベルでの悩みは根本的にスイングの考え方に問題がある場合が大半を占めている。

巷《ちまた》にあふれているレッスン書やゴルフ雑誌を読み漁《あさ》り、正しい「スイング理論」を学んでいるつもりだとは思うが、その内容を生かせる「土台」がないことに気づいていないのだ。

ボディターンのつもりが…
ココが間違い！
タメを作る
ほどいて叩く感覚がないのに、タメを作るのはスライスに直結する
左サイドの開き
身体ばかりターンさせると、左サイドが開いてボールが捕まらない

たとえば、プロが実践している「ボディターン理論」というのは、一般アマチュアには非常に誤解されやすいもので、その理屈を鵜呑《うの》みにすると、飛ばない、ミート率も悪いスイングを身につけてしまいやすいのだ。

　プロが行っている正しい理論のはずなのに、なぜそんなことになってしまうのか。それは「クラブを腕でしっかり振る」という前提となる「土台」が抜け落ちているからだ。クラブをしっかり振れる人だけが、ボディターン理論によってクラブの挙動を安定させ、弾道をコントロールできるようになる。

　よく「左腕リード」といったスイングコントロールのヒントを耳にすることもあるだろうが、あれも「右手でしっかり振る」ことができる人へのアドバイスであり、そうでない人にはスライスを助長する危険性が高い。つまり、一般アマチュアは理論を学ぶ前に、スイングの「土台」を理解する必要があるのだ。

「タメ」なんか作るな！アマの飛ばしは「手打ち」だ!!

アドレス時よりも手元が右にある、ハンドファーストならぬハンドバック状態でヘッドを先に振るイメージで、実際はちょうどいい

「ボディターン」は振り遅れて飛ばない

既存の理論を熱心に学んでいるアマチュアに多い勘違いは、飛ばすためにダウンスイングで「タメ」を作りたがることだ。

ゴルフ雑誌に載っているプロの連続写真を眺めると、たしかにインパクト直前までコックをキープし、いかにもタメているように見える。レッスン記事などでも「ボディターンでタメを作れ」といった内容は多い。

だが「クラブをしっかり振る」前提がないアマチュアがこれを鵜呑みにすると、振り遅れのスライスしか出ない。それを嫌って手で合わせても、絶対に飛ばせるようにはならない。

アマチュアは、ダウンに入った

コレが正解!

胸が右を向いた状態のまま、左腰の前にある球をヘッドでな[illegible]うつもりで「手打ち」する

BEAMSGOLF
○ 手打ち
タメを保つのではなく、積極的にクラブを振る（リリースする）使い方で、正しくヒットできる
× 下半身リード
よく「ダウンスイングは下半身リード」と言われるが、実際には「手打ち」の意識でも十分動く

ココが間違い!

プロの連続写真のイメージで、左ヒザのリードや手首のタメを意識すると、インパクトでクラブのリリースが間に合わず、フェースが開いて当たる

ら即「手打ち」が正解。手を積極的に動かして、クラブを先に走らせるつもりで、ちょうど身体の動きに追いつき、力強いインパクトを迎えられるのだ。

両手をセパレートして振ると、下半身リードを意識するほど、クラブを振り遅れてしまうことが実感できる

忘れていい「下半身リード」

腕でクラブを振らないと「万年スライス」は絶対直らない！

腕で強く振れる人が後付けで覚える技術

飛ばしのパワーは弱い腕に頼らず、胴体や脚の力で生み出すもの。それには、ダウンでの下半身リードが大切……というレッスンを、何度となく聞かされたことがあるだろう。

だが、これも「クラブを腕でしっかり振る」ことが感覚的に身についている、プロレベルのプレーヤーでないと、まったく役に立たない。

クラブを強く振る感覚がないまま、ダウンで下半身リードを意識しても、身体が左に流れるスエーになるか、クラブの振り遅れによるスライスを助長するしかないのだ。

たしかに脚力を生かしたほうが、より力強いインパクトを迎えることができる。だが、それは「クラブを腕でしっかり振る」ことができた状態にプラスする要素であって、脚を動かせば飛ぶ、というわけではない。

ダウンで「クラブを腕でしっかり振れている」かどうか、実感がないアマチュアは多いはず。試しに、剣道のように両手をセパレートして振ってみると、わかりやすいだろう。

インパクトでフェースをスクエアに戻してヒットするには、思い切って右手が左手を追い越すように交差させて使わなければならない。下半身でリードしている余裕はないことに気づくはずだ。

だから私は、まず「手打ちしろ！」と指導するのだ。

コレが正解!

○ 両手を交差する

ヘッドをスクエアに戻すには、左手を身体に引きつけ、右手がそれを追い越すようにしっかり振る

「ボディターン」は後回し、まずは「手打ちでフック」だ!!

実はすぐにできない「手打ちでフック」

私がアマチュアに「手打ち」を勧めると、まず抵抗するというか、嫌がる人が多い。

やれ「引っかける」「大フックが出る」「飛ばなくなる」といったネガティブな反論ばかり出るが、いざ「手打ち」をしてみると、意外なほど真っすぐ飛ぶので、打った本人がビックリするパターンがほとんどだ。

理由はカンタン、私が「手打ち」を勧める人は「クラブを腕でしっかり振る」ことができていないと診断しているからだ。

こういった人たちは「手打ち」を意識しても脚や胴体が動くクセがついているので、ちょうどバランスが取れて、真っすぐ飛ぶようになる。

もちろん、これは一時的なので、徹底的にスイングを改善するためには「手打ちでフック」が打てるようにならなければいけない。

下半身を止め、腕をやわらかく使い、フェースのターンを促す。開いて、閉じる動きだ。

それでも捕まりが悪ければ、ボールの右手前に仮想ボールをイメージし、それをスクエアにヒットするつもりで振ってみる。

フェースターンがスムーズに、早めに行えるようになると、初めてフック系の弾道が出るようになる。ここから「ボディターン」を意識して身体を動かすことで、フックから伸びるストレートへと、力強く伸びる弾道を手に入れられるのだ。

ヘッドを回す

最初は特に、フェースのターンを意識する。開いて振り上げ、どんどん閉じながら振り下ろす

コレが正解!

SRIXON
右ヒザを固定
「手打ち」だけでフックを打つには下半身固定が不可欠。右ヒザ固定を心がけるのがベター

「手打ち」ドリルはヘッドの動きが大切

とにかく腕をやわらかく使うのが「手打ちでフック」を打つドリルのポイント。ヘッドを開いて上げ、閉じながら振り抜いていく。身体の動きは最小限に

手打ちしろ!
効用
1.ボールが捕まり飛距離アップ
2.ボディターンで正しく打てる

「手打ち」「ダフリ」で意識改革

上手くなれない「常識」の真逆に真の上達法がある!

「当たるはず」が当たらない原因に

私は「手打ちしろ!」だけでなく、「ボールを見るな!」とか「ダフれ!」などと、レッスンの常識とは逆のことをするように指導するので、特殊な打ち方を教えていると誤解されやすいが、そうではない。

どんな人でも、実際の動きとイメージには多少のギャップが生じる。特にゴルフスイングのように、クラブを非常に速く動かす場合では、その差も大きくなりやすい。

プロやトップアマのように練習量が多く、身体能力が高ければ実際の動きに近いイメージのままで正しくスイングできるかもしれないが、一般アマチュアの多くは、そうはいかない。

スピードの乗った、理にかなったスイングを正しく行うためには、実際の動きとは異なったイメージを持つほうが合理的だ。それが「手打ち」であり「ボールを見ない」であり「わざとダフる」ことなのだ。

既存のレッスン内容、イメージで上達できている人には必要ない話だが、もし上達できずに悩んでいるのなら、騙《だま》されたと思っても、まずこの3つを試してほしい。

「当たるはず」のセオリーの逆を意識するだけで、どんどん結果(ショット)が良くなっていくことに驚くだろう。理にかなった美しいスイングを実現するには、想像以上に大胆なイメージが有効なのだ。

ダフれ!

効用

1. フェースの芯で当たる
2. アバウトに打ってOK

ボールを見るな!

効用

1. ヘッドアップがなくなる
2. スイング軸がブレない

Column

「逆のイメージ」で動くから たった1球で結果が変わる

私のレッスンを受けに来た、飛ばないと悩んでいる人は、大抵それまで教わってきたことを見事に実行しています。

私が「ナイス！　体重移動して引きつけて、ハンドファーストで前で大きくブンとなるように振る、と教わっていますよね？　すべてよくできていますよ」と言うと「いや、まだできないからスライスなんです」と怪《け》訝《げん》そうに返答するので、目の前で1つずつ実行していくと、インパクトでフェースが開いて上を向くことを示します。スライスで飛ばなくなるのは当たり前なのです。

そして「じゃあ、1球で直しますよ。体重移動しない、ボディターンしない、身体の右側で飛ばないようにゆっくり手打ちしてください」と、まったく逆のイメージを伝えて打ってもらうと、いきなりよく捕まって飛ぶようになるのでビックリされます。

ハンドファーストや大きなフォローは「結果」です。その形をイメージしても実際にはスピードが乗っているので、ズレてしまうのです。ジュニアなら「見た目の模倣」だけでもその動きに近づけるかもしれませんが、大人は言葉や目からの情報を頭で考えながら動くので「正しい結果が出る、別のイメージ」が必要になるのです。

第1章

「手打ち」で驚くほど「ヘッドが走る」

黙っていても身体は動く！とにかく手でヘッドを振れ!!

スイング軸から遠いヘッドを先に動かす

ダウンスイングでは、足、ヒザ、腰、肩、腕、クラブという順で、下から動き出すとパワーが累積されてヘッドに乗る……というレッスンに従い、ヘッドを振るのを後回しにしたがるアマチュアは多い。

しかし、現実にはそれで振り遅れてしまい、フェースが開いたまま当たるスライスや、無理にフォローであおって捕まえる引っかけなどのミスが誘発され、まったく飛ばない。

アマチュアが持つべきイメージは、ダウンに入ったら即、手でヘッドを振り出すことだ。スイング軸から一番遠いヘッドを先に動かすことで、よりスイング

追いつく手元
ヘッドと身体の動きのバランスが取れると、自然に手元はアドレスのポジションに戻る
適度に先行
積極的に使わなくても、動き出したヒザはインパクトで適度な身体のターンを促す
スクエアヒット
フェースをかぶせたつもりが、手元が追いつくことでスクエアに戻り、力強く叩ける

軸に近い身体のターンに追いつくことができる。

ヘッドを先に振るつもりでも、左へ振る意識がある限り、下半身や胴体も左にターンする。これでちょうどボールが捕まるインパクトになる。

ココが間違い!

身体ばかり先行すると、振り遅れる

慌てて合わせると引っかける

コレが
正解!
手打ちする
フェースをかぶせるように、腕で積極的にヘッドを先行させてしまうつもりでいい
勝手に動くヒザ
クラブを左に振る意識があると、ヒザを含む下半身は、勝手に左へターンを始める

腕はやわらかく使え！「水平振り」で肩は回すな！

右肩は出さない
胸の向きを変えないよう、右肩を送り込まない
左ヒジをたたむ
ヘッドの動きに任せて、やわらかく左ヒジを曲げる
右ヒジをためる
クラブを振らずに身体をターンさせると右腕が詰まる
フォローで返す
開いたフェースをフォローで返して合わせても手遅れ

ヒジと肩を緩めてブルーンと振る

いきなり「手打ち」と言われても、やり方がわからないという人もいるはず。そういう人は上体を起こした「水平振り」にトライしてもらいたい。

胸の前にクラブを突き出し、そこから右肩の後ろ、左肩の後ろへと水平にヘッドを振る。胸を正面に向けたまま、ヒジのたたみと、クラブに引っ張られて動く肩の動きだけで、ヘッドをブルーンと振ってほしい。

腕をやわらかく使う意識と、ヘッドをターンさせる動きができればカンタンだが、ヘッドをスクエアに当てるイメージがあるとスムーズに振れなくなる。ヘッドの動きに任せよう。

「水平振り」ドリル

通常のアドレスから上体を起こし、ヘッドを肩の高さで水平に振ってみる

コレが正解！
右ヒジをたたむ
フェースを開きながら、右ヒジをラクに折り曲げる
ヘッドを回す
フェースターンをイメージしながらヘッドを振る

ココが間違い！
腰を切る
身体のターンを意識して、左腰から動き出してしまう
スクエアに当てる
ヘッドのターンを抑えた結果、フェースが開いたまま

クラブを持たず、手の動き方を確認するのもベター。ヘッド同様、手のひらが左右にターンする感覚をつかむ

バックスイングでフェースを開き、ダウンスイングでは閉じる。スクエアは意識しない

正しい腕の振り方②

フェースをスクエアに当てるな！どんどんターンさせろ!!

スクエアヒットでは間に合わない

これもアマチュアに多い思い込みだが、真っすぐ飛ばすにはインパクトでフェースがスクエアになるように当てなければいけない、という考え方。

たしかにスクエアにヒットすれば真っすぐ飛ぶが「スクエアに当てる」イメージでは、実際のインパクトでは全然間に合わない。もっとフェースがターンし、かぶって当たるイメージで正解なのだ。

また、スクエアに当てるにはスイング中のフェースターンを抑えればいい、ということでバックスイングでフェースを開かずにシャット気味に上げ、ダウンでもそのままフェースを返さずに当てようとする人がいるが、これでは身体のパワーも引き出せず、クラブのしなりやトルクを効率よく生かすこともできなくなってしまう。

ヘッドはスイング中、正しくターンさせることで、効率よくエネルギーを乗せることができ、スイングプレーンも安定させることができる。もちろん、方向性もアップする。

「水平振り」で気持ちよく振るには、ヘッドのターンが不可欠。ヘッドを回すことでクラブがスムーズに走ることを確認したら、ヘッドを回し始めるタイミングや速度をいろいろ変えてみるといい。ヘッドを回すタイミングが早いほど、ヘッドが手元を追い越して先行する感覚がつかめるはずだ。

ココが間違い!
SRIXON
コレが正解!
ココが間違い!

フェースをスクエアに当てようと腕の動きを抑えるほど、左肩が開いてカット打ちに

ダウンスイングの開始直後から、開いたフェースを閉じるようにヘッドをターンさせると、手元が右サイドにある状態のまま、ヘッドが先行して振り切れる

アドレスからフェースをまったく開かず、スクエアのまま振ろうとすると、腕や身体の動きが不自然になる

「手打ち」で
変わるクラブ
の動き①

シャフトはしなるだけじゃダメ「逆しなり」で弾き飛ばせ！

ココが間違い！
しなり戻らない
シャフトがしなり戻らないと、フェースも開いたまま当たる

身体の回転で手元を引っぱり続けていると、インパクトエリアでもシャフトはしなったままになる

しなり戻り状態でインパクトする

ヘッドスピードを効率よく上げるには、シャフトのしなりを生かす必要がある。

こう聞くと、ダウンスイングでシャフトをしならせようと頑張るかもしれないが、それだけではダメ。インパクトエリアでは、しなり戻りでヘッドを走らせることが大切なのだ。

スイングを超高速撮影したビデオなどで見るとわかるが、プロのインパクトでは、シャフトが前方に向かって「逆しなり」状態になっている。これはヘッドに重心深度があるためで、遠心力でヘッドの重心がシャフトの延長線上に来ようとするからだ。

これは、ボディターンを意識して、手元を左に流してしまうとできない。シャフトがしなり戻り切らずに、インパクトを迎えてしまう。結果、フェースは開いたまま当たり、弱いスライスになってしまうのだ。

この問題を解消するには「手打ち」のイメージが有効だ。腕を主体にヘッドを先に走らせようとすることで、インパクト直前までに確実にしなり戻らせることができる。

「手打ち」のしなり戻りインパクトを試して、目標より左に飛ぶのは正解。それだけ、今まで左を向いて合わせていたと思っていい。さらにフックがかかるようになったら、ドローやストレートに調整する、次のステップへと進めるのだ。

しなり戻る

「手打ち」でヘッドを先に行かせるイメージを持つと、シャフトが「逆しなり」状態になる

「逆しなり」するとヘッドが走る

ダウンスイングのスタート時点ではシャフトが後方にしなるが、手を積極的に使ってヘッドを先に振ろうとすると、インパクトエリアでは「逆しなり」になる

時計の6時ポジションでは遅い「8時」でインパクトしろ!!

フェースの開閉は、ヘッドを回すのではなくシャフトの動きをイメージする。バックスイングでは左腕の回転でシャフトを後方に倒し、ダウンでは前方に倒すようにする

左腕を回してフェースターン

シャフトは、しなりだけでなくトルク（ねじれ）も重要なポイントになる。

バックスイングでフェースが開く方向にねじれたシャフトを、ダウンでねじり戻す感覚が必要だが、これは左腕のローリングを意識するといい。フェースを返すというより、シャフトを前に倒すイメージで左腕を回す。すると、シャフトのしなり戻りとトルクを生かして、スクエアなインパクトになるのだ。

ただし、それをインパクトに合わせるイメージでは、実際には遅れやすい。時計の文字盤の「8時」で打つつもりで、ちょうど「6時」に間に合う。

コレが正解！

時計の「8時」のポジションでインパクトするイメージで、シャフトのしなりとトルクを生かしたスイングになる

「6時」ではなく手前の「8時」で

時計の「6時」が実際のインパクトポジションだが、そこでヒットを意識すると、フェースターンもしなり戻りも遅れがち。「8時」で打つイメージがベター

○ 軌道にスクエア

「8時」ポジションで胸の正面にあるヘッドが、ヘッド軌道に対してスクエアになるイメージ

股関節からキッチリ前傾 猫背、伸び上がりは絶対禁止!!

ココが間違い!
前傾が浅いと、腕でクラブを上下方向に動かすようになり、正しい「手打ち」にならない

ベルトラインが水平ではダメ

腕でヘッドを振るように心がけると、腕の通り道が窮屈なことに気づく人もいるはず。それは、アドレスの姿勢が整っていないからだ。

なんとなくボディターンを意識して構えると、身体をヨコ回転させやすい浅い前傾姿勢や、腰のベルトラインが水平のまま猫背になりやすい。

腕の「水平振り」をしやすい状態で、股関節から前傾するのが正解。ヒザを軽く曲げ、体重が足の土踏まずよりやや前方にかかればOK。

この構えなら、腕でクラブをしっかり振っても、前傾姿勢が崩れることはない。

太モモと腰の付け根である股関節から前傾する。ベルトラインとスイング軸（背骨のライン）が直角になる

ココが間違い!
ベルトラインが水平のまま、前傾すると猫背になる

コレが正解！
手首の角度
前傾して、腕を垂らしたポジションでクラブを持ったときにできる角度をキープする

腕の「水平振り」をスムーズに行える上体の姿勢がベース。それを股関節から前傾することで、地面のボールを打てるようにするだけ

股関節から前傾することで、スイング軸（背骨のライン）がスイング中に前後にブレず、キープされるのでスイングプレーンが崩れない。腕でしっかりクラブを振る動きも、通り道ができてスムーズになる

プロが語る「腕を使わない」の本当

手首の角度をキープする上級テクニックに騙されるな！

シャフトの前倒しを先取りしてスイング

ツアープロのレッスンなどでは、手や腕を極力使うな、胴体や下半身の大きな筋肉で振れ、と述べていることが多いが、実際には彼らも腕をしっかり使っている。

　プロはフェースターンの動きの幅を抑えつつ、シャフトのしなりとトルクを生かして飛ばすことができる。このほうが、ショットの安定度が増すメリットがあるからだ。

　ポイントは、手首の角度。これをキープしてシャフトを倒す量、つまり左腕のローリングを抑える。結果、シャフトの前倒し動作を先取りして振れる。試すとわかるが、腕をしっかり使えないとこの動作はできない。

身体の正面にあるものをヨコから叩く右手の動きがベース。前傾のぶん、下に向かって動く

シャフトの倒れる幅を抑えるために、右手と左手を交差させるように負荷をかけている

コレが正解!

シャフトを支える腕使い

シャフトをヨコに倒さないよう負荷をかける腕の使い方がポイント。特にダウンスイングでは右手を押し込む

○ 角度のキープ

左手首の角度をキープする意識で右手を押し込むと、シャフトの前倒しでヘッドが出る

Column

「ボールを見るな!」は「目を閉じる」ことではない

私が「ボールを見るな！」と言うと、目を閉じる人がいるんですが、それは間違いです。

要はボールを凝視するな、ということです。見つめすぎると頭が固定されて、肩の回転が阻害されたり、打球を目で追うことでヘッドアップを誘発したりと、ロクなことがありません。「ボールをよく見ろ、ヘッドアップするな！」と言うのは矛盾で、よく見るから頭が持っていかれるんです。

ドライバーでは、左寄りに置いたボールを見つめると、身体までそちらを向いてしまい、肩や胸の面が開くので、スライスや引っかけのミスが出やすくなります。

かといって目を閉じると、スイング中に身体のバランスを崩してしまいます。歩いているときのように、目標を漠然と見ながら、風景を目に映すことでバランスを取りながら進むのと同じです。

野球や卓球でも、ボールだけを見つめていたら、まともなスイングにはなりませんよね。

ボールは視界に入っているだけ、と漠然と見ることで、頭をスイング軸中心に左右に回転させることができ、スイングがスムーズになります。また、ボールの動きに影響されず、フォローでもボールのあった位置を見たまま、頭を残すことができます。

第2章

「ダフリ」を意識するほど「芯に当たる」

ココが間違い!
Kuwata

ロフトを立てる
フェースの芯をボールに近づけようとロフトを立てるのは間違い
Kuwata

「当てにいく」から曲がる、ダフる

「ボールの最下点にキッチリ刃を入れる」からダメなんだ!!

トップする人はイメージに忠実?

アイアンやウェッジで地面にあるボールを打つ場合、クリーンヒットを心がけているはず。手前の芝を噛まず、フェースの芯で捕らえるには、クラブの刃(リーディングエッジ)を寸分狂わず、ボールの真下に入れなければならない……と思い込んでいる人は多いだろうが、これは間違い。

こう考えていると、刃から地面に当たってしまうため、ヘッドが刺さってザックリになる。それを嫌うと薄めに当たり、トップやライナーで大オーバーのミスにつながるのだ。つまり、これらのミスはイメージどおりに振れている証拠と言える。

ココが間違い！

ボールに集中

キッチリ当てたい気持ちで、ボールを見つめすぎるのはNG

フェースの芯

フェースの中央付近にある芯を、ボールにぶつける意識がザックリに

手元が先行

ハンドファーストのやりすぎは、シャンクやザックリの原因に

芯に当てたかったらダフれ！ いいからやってみろ!!

5センチ手前のティごと打つ

芝の上で試すなら、ボールの最下点の5センチ手前にティを頭だけ出るように深く刺して、一緒に打ってみよう。上手くティを打てれば、ボールもきれいに上がる

ソールのバウンスでヘッドが滑る

アプローチで芯に当てる本当の方法が知りたかったら、まず「わざとダフる」ことだ。

手前でザックリしているのに、ダフろうとするなんておかしい……？ 実は、ダフる準備をすると、アドレスやヘッド軌道が改善されるのだ。

ただし、できればこの解説を読む前に、実際にダフる打ち方を練習場などで、自分なりに試してほしい。意外なほど上手くボールがフェースに乗り、芯で捕らえた感触を得られることに驚いてほしいからだ。

では、解説。ボールの手前をヘッドで叩くことをイメージすると、クラブの刃ではなく、ソールを地面に当てる意識になるはず。結果、きついハンドファーストではなくなり、ヘッドの真上に手元を据えるようになる。この時点で、刃から刺さる危険性がグッと減る。

次に、スイング中もヘッドを鋭角に打ち込もうとせず、手前から払うように、身体の右サイドで振り下ろし切ろうとする。そうすると、ヘッドが浅い入射角で地面に向かい、手前の芝から滑ってボールに当たる。芝にバウンス（ソールの出っぱり）がめり込みつつ滑るため、フェースの芯がボールに当たるわけだ。

解説されても、いまいちピンとこない？ 結構、とにかく試すことだ。頭の中にある悪い概念を払拭してほしい。

左に出ない
ハンドファーストではなく、手元はボールの真上
ソールを意識
クラブの刃は気にせず、ボールより少し離して置く
1
2
3
4
5

コレが 正解!

アプローチでは、わざとダフるように意識するだけで、アドレスやヘッド軌道が改善され、インパクトエリアでヘッドが滑り、正しくヒットできるようになる

ソールが滑る
バウンスが芝を押さえて滑るので、刺さらない
6
7
8
9
10

✕ 鋭角に下ろす
ヘッド軌道が鋭角になるほど、ヘッドは地面に刺さる
✕ 上に抜ける
ヘッドが突っかかった反動で、上体がのけぞる

「ターフを取る」の勘違い

「ダウンブロー」は単なる結果 意識するほどおかしくなる！

打ち込む意識がスイングを悪くする

アイアンショットでは「ダウンブロー」とか「ボールの先のターフ(芝)を削る」といったレッスンがあるが、この現象はあくまでも正しいスイングの結果であって、振り方として意識するものではない。

　意識してしまうと、ヘッドを鋭角に振り上げ、上から打ち込むようになるだろう。ボールの先にある、ヘッド軌道の最下点へ向けて打ち込むのだから、手元が先行し、ヘッドは刃から地面に刺さる。少しでも手前に入れれば、確実にザックリ、大ダフリのチョロになる。

　ヘッドを手前に落とさず、ボールの下半分にフェースが当たるように入れるとしたら、やや薄めに捕らえてヘッドを鋭角に入れることになるから、上手く当たっても低いライナーになるのが関の山。グリーンを安定して狙う弾道とは程遠い。

　また、このヘッド軌道ではヘッドが地面に突っかかり、上手く抜けない。結果、上体をのけぞらせてヘッドを上に引き上げるようになる。これでは引っかけが出ても不思議ではない。

　アイアンショットもアプローチ同様、ソールを手前から滑らせるぐらいのイメージでいい。腕の力が適切に抜けていれば、インパクト後に右腕が伸びるため、ソールが浅く長いターフを取る。ヘッドは「振る」のが正解で「打ち込む」意識はまったく持たなくていいのだ。

ダウンブローを意識すると、スイング自体に不要な動きが加わる
ココが間違い!
手が左に出る
ヘッドの最下点を意識して、手元をその上まで出す
鋭角に上げる
腕でクラブを鋭角に引き上げてしまい、上体も起きる
左に体重移動
上から下ろすため、身体が左に逃げるように体重移動

ココが間違い!

きついハンドファーストで上から打ち込むと、刃から地面に刺さるので、少しでも手前に入るとザックリに

上から打ち込んでボールの先のターフを取るには、トップ気味に捕らえるしかない。これでは芯に当たらない

SWは ダフるほうが 芯に当たる

バウンスが大きいSW《サンドウェッジ》は10センチ手前からでも大丈夫！

ソールが潜るから芯に当たる
ボールの赤道ラインより下に刃を入れるのではなく、手前をダフってソールを下に潜らせるから、芯で捕らえられる
Kuwata

ダフって
滑る
Kuwata

ソールのバウンスから着地すれば、刃が刺さらずにボールの下に滑り込む

緩やか軌道なら ヘッドは跳ねない

アプローチで「わざとダフる」を試してみて、ボールが芯に当たることができたら、その理解を深めるためにもSWで、10センチ手前からソールを滑らせることに挑戦してほしい。

ボールから手前に離れた場所にヘッドを落とそうとするほど、身体の右サイドで早く「手打ち」をするようになるため、ヘッド軌道は緩やかになり、入射角は浅くなる。

すると、ソールはより滑りやすくなる。バウンスが大きいSWなら、ボール2個分、約10センチ手前にヘッドが落ちても、スムーズに滑ってボールの下に潜り込んでくれるのだ。

コレが 正解!

10センチ手前でも大丈夫

「手打ち」で緩やかなヘッド軌道で打てるようになれば、ボールの手前10センチからダフっても、ソールが滑って芯で捕らえることができ、ミスにならない

ボールの手前10センチに木製ティを埋め、そこからヘッドを滑らせる。ソールにティのペイントがつけばOK

○ 滑って当たる

ソールが滑れば、かなりアバウトに手前から入れても大丈夫だ

ヘッドが
滑る感覚を
つかむ

「右手打ち」で絶対わかる！バウンスから落とせば滑る!!

ソール後方のバウンスが命

アプローチに使うウェッジは、ソール後方のバウンス部分が生み出す滑り具合が最も重要なポイント。ライへの対応力、打ち方との相性などが決まる

右肩を軸にすれば刃から入らない

わざとダフろうとしても、つい今までの習慣でハンドファーストになってしまい、刃から打ち込んでザックリするという重症タイプの人は「片手打ち」のドリルを試してほしい。

まず、SWを右手だけで持ち、20ヤードぐらいをポーンと打ってみる。身体のターンなどは意識せず。ヘッドの重さを右腕だけで振る感じでいい。もちろん、ヘッドはダフらせる。

どうだろう、両手のときよりも上手くヘッドが滑って、ボールをスパッと拾うことができたのではないだろうか。

右腕だけで振ろうとすると、スイングの軸が右肩に移る。右肩はボールより後ろにあるので、自然とヘッド軌道の最下点も右に寄ってくる。インパクトエリアでは手元がヘッドに先行しないので、刃が地面に刺さりにくく、バウンスから着地しやすくなるのだ。

SWの大きなバウンスで地面を叩くと、跳ね上がってトップするのでは、と聞かれることがあるが、フェアウェイはコンクリートではない。緩やかなヘッド軌道で落とせば、芝と土のやわらかさに吸収され、草を押さえるように滑るだけだ。

上級者やプロは、その滑り具合でコントロール性を出すために、バウンスの大きさや形状にこだわる。逆に言えば、滑らせることができないうちは、そこにこだわっても意味がない。

コレが正解!
ボールより右にスイング軸があると、
バウンスから着地して滑りやすい

ココが間違い!
右手打ちでも、手元を先行させると
刃から刺さり、ザックリになる

手元を振ってもダメ！左前腕をグリッと回せ!!

シャフトの前倒しができないと打てない

次は「左手打ち」だが、単純に左肩を軸にして打つと、手元が流れてヘッドがボールに届かずに空振りしたり、フェースが開いて当たって全然飛ばせないだろう。

実は「手打ち」の重要ポイントとなる、左腕のローリングができないと、上手く打てない。ダウンの初期にシャフトを前倒しするつもりで、左前腕のローリングを加えることでヘッドが正しくリリースされるのだ。

ココが間違い！
左肩が軸に
左肩にスイング軸が移るが、ヘッドの重さに頼ると手元が左に流れる
フェースが開く
ヘッドを落とすだけでは、フェースが開いて当たり、飛ばせない

コレが正解！
ヘッドが先に出ていく動き
手元を追い越すようにヘッドが動くことで、ソールが滑るようになる。手首の角度をほどくのではなく、返す動作になる

「左手打ち」はローリングが決め手

左手だけで打つには、ヘッドの重さを落とすようにするだけではダメ。ダウンの初期でシャフトを前に倒すように、積極的に左前腕をローリングさせて打つ

コレが正解!

ダウンの初期に、シャフトを前に倒すイメージで左腕を回すと、身体のターンと合う

○ 左前腕を回す

ヘッドの正しいリリースを促すには、前腕を回す意識が必要

真っすぐ向けると引っかかる?!「右向き」が本当のスクエアだ!

ココが間違い!

手元の位置でトウやヒールが浮くと、フェースの向きも変わる

バウンスを強調
ソールが滑りやすい、抜けやすい状態にするにはバウンスを出す

フェースを開くとバウンスも生かせる

ウェッジのようにロフトが大きいクラブを持つと、アプローチにせよフルショットにせよ、左へ引っかけやすい。

実は、これはライ角(ソールとシャフトの角度)のせい。フルショットでは、インパクトでシャフトがタテにしなり、ヘッドのトウが下がる「トウダウン現象」が生じる。そのため、ライ角はアドレス時にトウが少し浮くよう、アップライトに作られている。

だが、ウェッジはヘッドスピードをコントロールして打つので、トウダウンが少ない。つまり、トウが上がったまま、ツマ先上がりで打つ場合のように、フェース自体はロフトが大きいぶん左を向いた状態で打つことになる。そのため、左へのミスが出やすいのだ。

アプローチでは、短く持ってボールの近くに立てば、トウを下げることができる。しかし、ヘッドを滑らせるなら、もっと有効な構え方がある。フェースを開けばいいのだ。

トウを少し右に向けて開くと、ソール後方のバウンスが地面方向に大きく出るようになり、より生かしやすくなる。また、見た目にも引っかからない安心感が出る。

あまり短く持たず、手元を吊り上げずに構えることで、ライ角とフェースの開きが相殺されて、フェースが目標にスクエアになるのだ。

コレが正解!

トウの浮きを開いて相殺

トウの浮きでフェースが左を向いているぶんを、ヘッドを右に向けて開くことで相殺する。バウンスが強調され、ソールが抜けやすくなる

×左に出さない

フェースを開く際、手元を左に出すのはNG。位置は不動

○トウを開く

手元を左に出すのではなく、シャフトを回してトウを開いていく

フェース向きを正す

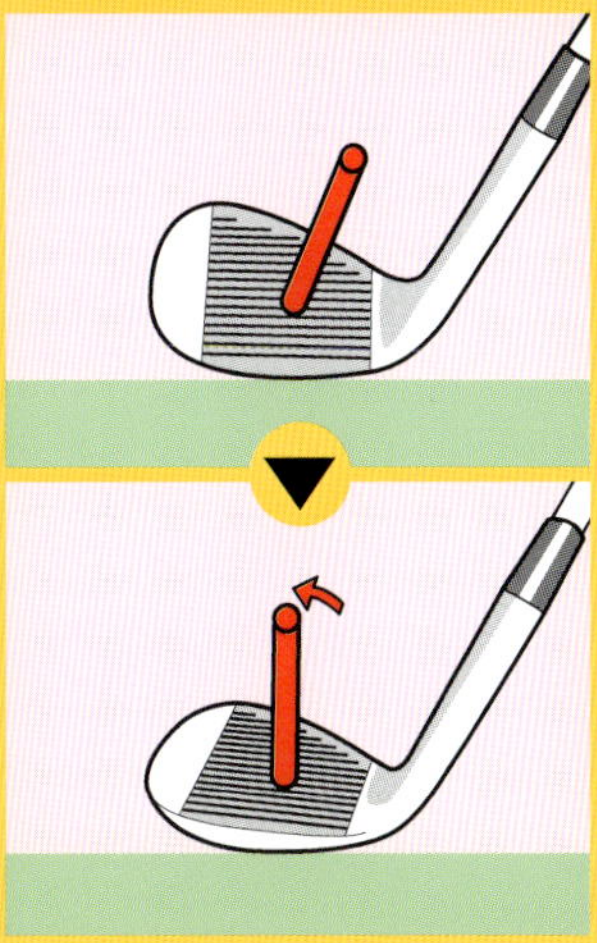

左を向いたフェースを、開くことで目標に向ける。バウンスも強調される

Column

「右」で振って当たるアマ「左」で振ってもいいプロ

私の「クォーター理論」では、身体の右側でのリリースを強調していますが、多くのプロは右側ではタメを維持し、左側で一気にリリースするイメージのレッスンを展開しています。

実際にプロには、左足体重でハンドファーストにして強いボールを打つ人もいます。違いは、ヘッドスピードが速いことと、シャフトのしなりの生かし方です。

ヘッドスピードが速いと、シャフトのしなり戻り、つまり「逆しなり」も大きくなります。その結果、ハンドファーストにしてもヘッドが返り、捕まった高弾道が打てるのです。

この「逆しなり」を生み出せないアマチュアは、同じようにハンドファーストのインパクトを迎えると、ロフトは立ち、フェースは右を向いたままなので、低いスライスしか打てなくなります。

だから私は「逆しなり」が少なくてもカンタンにボールが捕まる「右で振る」イメージを勧めるのです。右手前でゆっくり大きく振るほど捕まりがよくなり、それを抑えたかったら足を回せばいい。またはリリースポイントのイメージを「8時」から前後させるだけでも調整できます。

「左でリリース」では、捕まり具合の調整は絶対できません。

第3章

「4分の1」が変わると「飛ぶ、曲がらない」

「クォーター」エリアとは?

「モノを叩く動作」が集約!! インパクト直前の「4分の1」

叩くのに大切な「4分の1」

クラブのシャフトが水平になったポジションから、ボールを捕らえるまでの4分の1の円弧を描くエリアに、叩く動作の要素が集中している

叩き方を覚えるのが「クォーター理論」

さて、既存のレッスンで培った上達できないイメージを「手打ち」と「ダフリ」で崩すことができたら、いよいよ「クォーター理論」によるスイング作りに取り組んでほしい。

私の唱える「クォーター＝4分の1」とは、インパクト直前の4分の1のスイングエリアのこと。クギを打つ、干した布団を叩くといった、モノを叩く動作に共通する要素が集約されている、重要な部分なのだ。

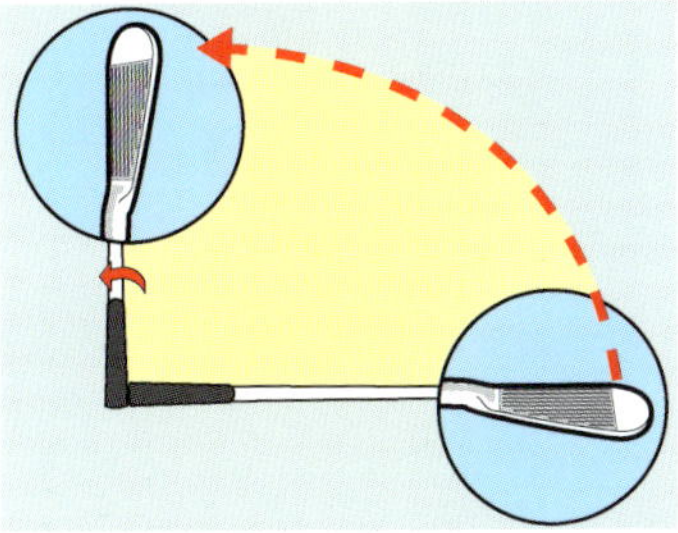

「クォーター」エリアでは、シャフトに対してフェースも90度（4分の1）回転する

アプローチの「クォーター」

手はまったく使わない！「背中」で上げて「足」で戻せ!!

肩は戻るだけ
下半身のターンにより、両肩はアドレスの位置に戻りインパクトする
「足」で回す
上体のターンで振り上げたクラブを、足による下半身のターンで戻す

身体の動きだけでもクラブは動かせる

「クォーター」エリアでの正しいクラブの動かし方を身につけるには、いくつかのステップに分けることが効率的だ。

まず、手の動きを入れず、身体の動きだけでクラブを動かすことを、動きの小さいアプローチで覚える。これを私は、さらに上体の動きに絞った「S1」と、下半身の動きを加える「S2」という2つのステップに分けている（第4章参照）。

「S2」は「背中」を目標に向けるように上体主体で振り上げ、ダウンは「足」によるターンで戻すだけ。「ボディターン理論」を意識した過剰な動きではなく、必要にして十分な

コレが正解！
「背中」で回す
背中を目標に向ける意識で上体を回すと、肩も回る
手は使わない
ヘッドを上げる動作は入れず、上体の回転に従う
左ヒザは固定
バックスイングでは、下半身は固定のイメージでOK

身体の動きをアプローチで身につけるステップだ。

「手打ち」ではないのか？ と疑問に思うかもしれないが、それは次の「S3」で徹底的にマスター。最後に、この3つを統合すると「クォーター」エリアで正しくボールを叩けるスイングが完成するのだ。

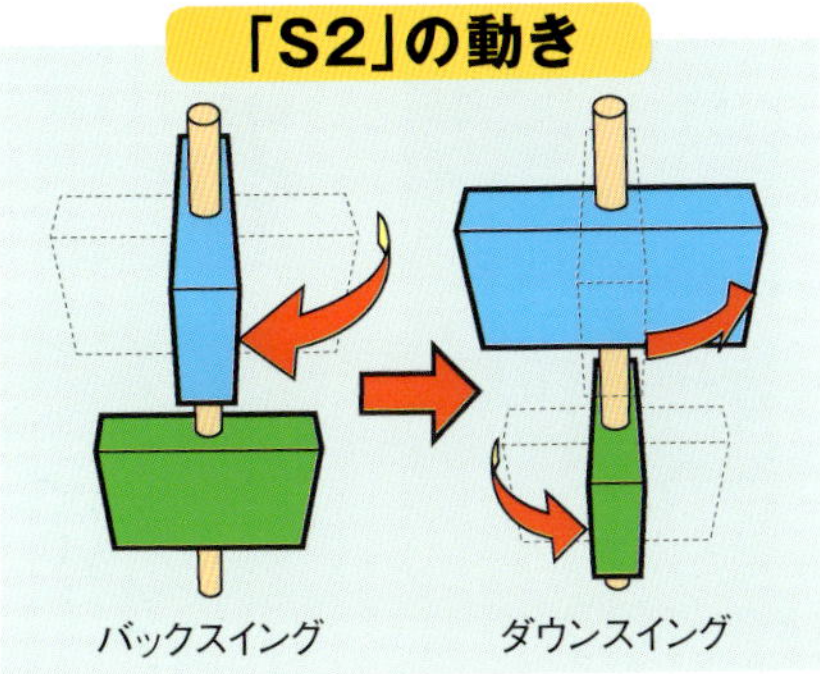
「S2」の動き
バックスイング
ダウンスイング

「S2」のイメージは、上体を90度回し、下半身で90度戻す動き

開いて閉じる クラブの動き

シャットに上げるな！ヘッドを回すから強く打てる

コレが 正解！
開いて閉じる
スイング中、フェースを開いて閉じる感覚が大切

しなりとトルクを生かす動かし方

「クォーター」エリアでは、フェースターンを抑えてスクエアに動かしたほうが、方向性も良くなり、強く打っていけそうな気がするかもしれないが、それは間違いだ。

ボールにクラブのエネルギーを効率よく伝えるには、シャフトのしなり戻りとトルクを生かし切る必要がある。それには、バックスイングでフェースを開き、ダウンスイングで閉じていく動きが不可欠なのだ。

「水平振り」で動きは理解できたと思うが、いざボールを前に構えると、フェースを開閉せずに動かしたくなるもの。思い切った意識改革が必要だ。

ココが間違い！
手元を止める
手元を止めてヘッドを走らせても、強く打てない

コレが正解！
フェースはボールに向けたままシャフトに上げるのではなく、スイングの進行に合わせて開いていく
シャフトを回す
ダウンでは、積極的にシャフトを回す動きでフェースを閉じる
フェースを開閉する動きを取り込むことで、シャフトのしなりとトルクを生かした力強いスイングになる

クラブヘッドを遅らせるな！イメージ以上に身体は先走る!!

ギャップを埋める方法を考える

欧米のレッスンでも、スイングでは腰のラインより下半分のエリア、つまりインパクト前後を「ビジネスゾーン」と呼んで重視している。

「クォーター理論」と違うのは、インパクト後のフォロースルーまで意識している点だ。実は、これが振り遅れにつながる危険性がある。

せっかく「クォーター」を意識してスイングするようになっても「フォローを大きく」「インパクト後もヘッドを加速するつもりで」などと余計なことを考えていると、いつまで経《た》っても振り遅れは直らない。

インパクト直前までコックを

良いギャップイメージ

×手であおる
身体が開いた結果、遅れたクラブをあおって振り抜く

ココが間違い!

タメて、フォロースルーを大きくのびのびと取る……こうした「良いギャップイメージ」は、ボールが捕まらないアベレージには百害あって一利なし。

ボールより右サイド、つまり「クォーター」で、身体の動きよりも先にクラブヘッドをボールに向かわせる努力が先で、フォロースルーのような結果的な現象は、しっかり叩けるスイングが出来上がってから、微調整程度に意識すればいい。

トップでクラブは十分に身体より遅れている。フォローで強く振るのでは、遅すぎる。タメている余裕などないのだ。

良いギャップイメージ

手首でタメる
インパクト直前までコックをタメる意識は、NG
ヘッドの遅れ
フォローで加速させるつもりで、リリースが遅れる

ココが間違い！
腰が開く
下半身のターンが先行し続けている限り、振り遅れる

「クォーター」を整える条件

身体、腕、クラブの動きがピッタリ合う「8時で打て！」

正しいリリースのタイミングをつかむ

正しい「クォーター」を実現するために、3つのステップに分けて習得する方法で進めてはいるが、実際のスイング時にはバラバラに考えているわけにはいかない。

振り遅れないよう、身体の回転スピードを抑え、腕でクラブを動かしてヘッドが先行するようにして追いつかせる。このように言葉では説明できても、2秒とかからないダウンスイングで実行するには、タイミングや動きのバランスを整えるのは難しく、ぎこちなくなってしまうだろう。

そこで有効なのが、先にも述べた「時計の8時」でインパクトするイメージなのだ。

本当にインパクトする「6時」より、角度にして60度も手前で仮想のインパクトをイメージすると、どうなるか。下半身のターンは抑えられ、胸（上体）は右を向いた状態をキープ。腕はローリングを早め、フェースをヘッド軌道に対していち早くスクエアに戻そうとする。

実際には足が下半身のターンを促すので「8時」のつもりの上体の形が、そのまま「6時」のインパクトになる。

このように解説するとくどくなるが、要は「8時」インパクトのイメージで、スイング軸に近い身体の回転スピードと、一番遠いヘッドの回転スピードが自然と合うリリースになる、ということだ。

コレが正解！

「8時」ポジションのクラブに胸を向けたまま、ヘッドを先行させるつもりで、下半身のターンと合う

手前すぎるぐらいの「8時」で打つ意識

スイングスピードは非常に速いので、イメージよりも身体の動きは遅れがち。そのタイムラグを埋めるのが、手前の「8時」に仮想インパクトを設けることだ

「左下に振る」イメージ①

重力に従い、回転力に従うなら左下に振るのが最も合理的だ！

「左下に振る」とスピードが乗る

ヘッドを左下に振るイメージは、地球の重力、身体の回転力に逆らわないので、エネルギーのロスが非常に少なく、スムーズに加速することができる

「クォーター」以降のヘッドの抜け方

フォローを意識するな、といってもインパクトでヘッドを止めるわけではない。むしろインパクトがスムーズな通過点になるよう、ヘッドの抜けていく方向のイメージはあっていい。

ヘッドに効率よくパワーとスピードを乗せるには、重力に逆らわず「下へ」振ることと、身体の回転による円軌道を外さないよう「左へ」振る意識を組み合わせること、つまり「左下に振る」イメージがベストだ。正しい「クォーター」の動きとも、もちろん合致する。

体が閉じていれば、左下に振って
トサイド・イン軌道にはならない

右足を引く
右足を引いて素振りすると、左下に強く振る感覚をつかみやすい

「左下に振る」イメージ②

「シャフト前倒し」+「左下」で「右手の押し込み」になる!!

○ 下に向ける
右手のひらを下に向けることで、左サイドが伸びない
○ 左下に振る
左下に振る意識で、ボールをヘッドで押し込める
× 左肩が浮く
右手のひらでヨコから押そうとすると、左肩が浮く
× 手が返らない
真っすぐ押す意識では手が返らず、逆に開いてしまう

右手のひらを下に向けて押す

インパクトで、右手で押し込むとラインが出る、とツアープロが語るのを聞いたことがあるだろう。ヘッドとボールの接触時間を長くする、いわゆる「厚いインパクト」のイメージを表現しているわけだが、この「押し込み」も「左下に振る」イメージと共通項が多い。

右手のひらをフェースに見立てて「8時」のインパクトをすると、手のひらは斜め下を向くはず。そのまま「左下」に向けるように身体をターンしていくと「右手で押し込む」動きになるのがわかるだろう。

実際にクラブを持って同じように動くと、ダウンでシャフ

コレが正解!

胸の正面に対して、シャフトを左下に倒すイメージがちょうどいい

ココが間違い!

身体のターンが先行すると、ヘッドを落として合わせる悪い動きに

コレが正解!

ココが間違い!

トを前倒しする動きを加えつつ、ヘッドを手元より先に「左下に押し込む」動きになる。身体の回転スピードを上げても、ボールを確実に捕まえることができるので、強く正確なショットにつながるのだ。

ちなみに、右手のひらを下に向けずに、ヨコから真っすぐ押そうとしてもダメ。左サイドが伸び上がり下からあおる動きが入りやすい。また、インパクトでフェースが当たり負けて、弱々しいスライスも出る。

逆に言えば「左下に振る」意識を高めるだけで、これらのミスを防止できるのだ。

「クォーター」の番手別イメージ

アイアンは「7時」でOK! クラブの長さでアレンジしろ!!

ドライバー
8
「8時」でOK
長いクラブほど、右サイドでゆっくり早めにリリース

シャフトが短いとギャップも少ない

イメージと動きのギャップを埋める「8時」の仮想インパクトは、あくまでも目安。捕まりが悪ければ「9時」に近づけてもいいし、捕まりすぎるようなら「7時」に近づけていい。要はインパクトに正しく間に合えばいいのだ。

また、ドライバーより短く、ヘッドの重いアイアンは、リリースしやすいぶん「7時」前後のイメージでOK。ウェッジになれば「6時」直前でも間に合うだろう。

仮想インパクトの「時刻」は、個人差があっていい。また、その日の調子によって変化させるのが正解なのだ。

ウェッジ
「6時」でOK
ヘッドが重く、短いので引っかけないよう、遅めに
6

7番アイアン
「7時」でOK
より長い番手なら「8時」寄りに近づけてもいい
7

長さの差

スイング軸からヘッドが遠いほど、早いタイミングでリリースする必要がある

長さの違いが、リリースの「時刻」に影響する

「クォーター」での打ち分け方

自己中心で構えられたら肩の向きをアレンジするだけ！

肩の向きでプレーンが変わる

コースに出れば、フェード系やドロー系の弾道を打ちたくなる場面があるもの。ただし、曲がりすぎてコントロールが利かないアレンジは避けたい。

「クォーター理論」がマスターできれば、この打ち分けもシンプルになる。ポイントは、肩の向き。スイングプレーンに直結する肩の向きを少し変えるだけで、ヘッド軌道はインサイド・アウトやアウトサイド・インになる。

ボールではなく、自分中心でスイングを構築できれば、スタンスの向きを変えることなく、スイングプレーンのアレンジだけで打ち分けられるのだ。

ドローを打つ場合
肩を右向きに
肩のラインを少し右に向けると、プレーンも右に傾く
開いて下りる
ドローでも切り返し前後ではフェースを開いておく
閉じて当たる
インサイド・アウト軌道でフェースが閉じながら打つ

コレが正解！

肩の向きがプレーンを決定

「クォーター理論」では、スイングプレーンは「手打ち」の動きがベースとなる。そのため、肩の向きを変えるとスイングプレーンも連動する

フックを打つ

右に向ける

スタンスに関係なく、肩だけを右に向ければOK

スライスを打つ

左に向ける

肩を左に向けることで、アウトサイド・イン軌道に

Column

動きをイメージできるシンプルな「言葉」を探す

大人は子供と違って、教わったことを最初は上手くできていても、元に戻ってしまうことがよくあります。

子供は余計な知識がないため、言われたことだけを純粋にやろうとするので、そのまま続いていくんですが、大人はやった結果を深く考え始めます。なんとなくやってみよう、という状態では上手くいっていたことが、いろいろ細かく考えることでダメになり、元の動きに戻ってしまうのです。

コップを持つのに、いちいち肩を動かして、ヒジを曲げて、指を伸ばして……などと考えず「持ち上げよう」とだけ考えるはず。

私がレッスンで「手打ち、足の裏！」と唱えるのも「ヒザを送って、拇指球に力を込めて、足を蹴れ」なんて考える時間は、スイング中にはないからです。

「手打ち」も英語で「アームローテーション」といった表現ができますが、それでは頭の中でどう動かすんだ？　と考えてしまうでしょう。「手打ち」のほうがなんとなく、こんな感じかなとイメージが湧くでしょう。「前腕の外旋」というように、普段使わない、難しい表現もNGです。

「ハンドバック」も私の造語ですが、パッと動きがイメージできる言葉が、上達を促すのです。

第4章

スコアを減らしながら身につく「クオーター理論」習得法

ボールを真っすぐ転がすには「左へ振る」しかない!!

最大の勘違いは「真っすぐ振る」

「クォーター理論」習得はステップ1の「S1」ドリルからスタートするが、さらにその基本となるのが、最小のスイングであるパッティングだ。

ここで最初にはっきりさせておきたいのが、ゴルフには「真っすぐ引いて、真っすぐ出す」というヘッドの動かし方、クラブの振り方はない、ということ。他のスイングとは違い、パッティングだけはフェースの向きを変えず、真っすぐ振るのが正解と思い込んでいる人は非常に多いが、だからラインに乗らないのだ、と言いたい。

野球やテニスでも、バットやラケットを、スイング軸を中心

SRIXON
左に振り抜く
ボールを真っすぐ押すのではなく、左へ振り抜けば真っすぐ転がる

に「左へ振る」から、真っすぐ飛ぶ。パターも左に振る正しいイメージを持つことからスタートしなければいけない。

ヘッドを真っすぐ動かすと、スエーになる

スイング軸でターンすれば、ヘッドは左に

丸く振る

パッティングも軸回転で振るのが基本。インに引けるのが正しい

「左へ振る」から真っすぐ転がる

「左へ振ると引っかかる」ということはない。野球のバット、テニスのラケットも左へ振ることで、ボールは真っすぐ飛ぶ。「真っすぐ引いて、真っすぐ出す」のは間違い

コレが 正解！
○ 肩回転を意識
軸を中心に肩が回転すれば、ヘッドは正しく動く
ココが間違い！
× イン・トゥ・イン
極端なヘッドのイン・トゥ・イン軌道は軸ブレの元

バックスイングは取るな！肩回転のフォローだけで入れろ!!

ヘッドがカップより左に抜けて正解

最初のドリルでは、1メートルの真っすぐなラインを、バックスイングを取らずにフォローだけで、10発連続で入れることにトライしてほしい。

スイング軸（背骨のライン）に対して、肩だけを回転させてストロークすれば、ヘッドは自然とわずかにインサイドに振り抜かれ、ボールは真っすぐラインに乗り、カップインする。

だが、フェース面の向きを変えずに真っすぐ押し出そうとすると、ヘッドは正しいスイングプレーンから外側に外れ、ボールも右に逃がしやすくなる。

ヘッドを無理にインに振る必要はない。意識するのは肩回転だけ。フィニッシュでカップ方向を確認して、ヘッドがカップより左側に見えればOKだ。

ショット同様、股関節から前傾し、腕を垂らした位置でグリップ

ココが間違い！

フェースの向きを変えず、真っすぐ押し出そうとするほど、結果として右に外れるミスにつながる

わずかながらイン・トゥ・イン軌道になるので、そのぶんフェースが開閉するのが自然の動き

左へ抜ける

フィニッシュのヘッドが、カップより左に見えるのが正しい

コレが正解！

フォローでわずかにインサイドに収まり、そのぶんフェースも左を向く。スイング軸とは平行になる

トップを意識
トップのヘッドを意識すると、インパクトが疎《おろそ》かに
ココが間違い！

合わせ打ち
スクエアに当てることだけで、正しく打ち切れない

なで上げる
右肩を下げてなで上げると、転がりが悪くなる

パタードリル②

テークバックはフォローの反動！フォローの半分だけ引け!!

フィニッシュを決めキッチリ止める

1メートルをバックスイングなしで10発入れたら、次は1・8メートル。これがバックスイングなしではほぼ限界なので、ここでテークバックの付け方を覚える。

フォローだけでギリギリ届くのだから、テークバックは小さくていい。フォローの位置からヘッドを戻す反動のぶんだけでOKだ。

実際のストロークでも、フォローをどれだけ出せばいいかを考え、フィニッシュをイメージ。そこからバックスイング、トップは自動的に決まる。大体、フォローの半分、1対2のイメージになればいい。これも10発、続けて入ればOKだ。

コレが正解!

フォローだけで打つとフィニッシュがキッチリ決まる

ボールに順回転をかけて転がすイメージは大切

芯を打つ

てっぺんのディンプルを漠然と見て、打ち抜いていく

1:2で打つ

1引いて、2出すつもりで振ると、転がりが良くなる

パタードリル
③

距離感は「目」でつかめ！ボールとカップを見て素振り

モノを投げる感覚を生かして寄せる

パターの最後のドリルは、ロングパットの距離感の合わせ方だ。日常でつかんでいる、モノを投げる距離感覚を取り込むために、目から情報を正確につかむ習慣をつけたい。それには、ボールとカップを同時に視野に収めながら、素振りを行うことを繰り返すのが有効だ。

モノを投げる距離感覚は、誰でも持っていて、精度も高い

ボールを凝視して、猫背になるとストロークが悪くなる。背スジを伸ばし、下目づかいで眺める

コレが正解！

モノを投げるときの腕を振る感覚と、パターの振り幅に共通する感覚を養う。そのため、ボールとカップの距離を目で判断する習慣をつける

同時に見る

ボールとカップを同じ視野に入れることで、距離感が養われる

見ながら素振り

目からの情報を振り幅に変換することで、距離が合うようになる

即、実践してもミスが出ない！効果満点のアプローチ方法

肩を回す
パッティングと同様、肩の回転だけで振り上げる
フォローは左
肩のターンに従い、インサイドに振り抜いて正解

パットと「S1」をつなぐテクニック

パッティングから「S1」に移る前に、練習してほしいのが「パットアプローチ」だ。

難しいことは何もなく、パターをウェッジやショートアイアンに持ち替えるだけでいい。ロフトのあるヘッドで打つことで、パットの打ち方そのままでキャリーが出る。

20ヤード以内のアプローチなら、番手を換えることでほとんど対応できる。パター同様、手首に角度をつけずにスイングするので、ザックリにもなりにくく、カンタンに実践できる。

1つだけ注意してほしいのはフェースの向き。クラブを吊るように構えるので、ヒールが浮

コレが正解!

ヒールを浮かす
左に向ける

手元で吊るとヒールが浮き、フェースが右を向く。そのぶんを左に向け直す

パットアプローチ

手は使わない
手首に角度をつけず、肩のターンに従って動く

く。そのぶんフェースが右を向くので、それを補正するために、左に向け直す必要がある。トップラインが目標にスクエアになるくらいが目安だ。

キャリーで障害物を越え、ランで寄せる。番手を換えることでキャリーとランの比率が変わる

8番、PW、SWとロフトが増えるほど、キャリーも増える

振り幅は左右対称！上体だけのターンで打つ「S1」!!

振り幅でキャリーを打ち分ける

いよいよ「クォーター理論」に直結する「S1」動作に入ろう。手首を使わず腕とクラブを一体にし、肩のターンだけで左右対称に振るのが「S1」の基本だが、先程の「パットアプローチ」と違うのは、グリップ。コックが入らないように手のひらで包むように握るのではなく、指主体のショットと同じ握り方にするのだ。

すると、クラブの重さ、動きを損なうことがない、しなやかな腕の振り方ができるようになる。振り幅を「7時〜5時」「8時〜4時」「9時〜3時」と増やしていくのに、このしなやかさは欠かせないのだ。

キャリー5Yの振り幅

キャリー10Yの振り幅

キャリー15Yの振り幅

コレが 正解!

3つの振り幅でキャリーを出す

ランは状況で変わるので、キャリーの打ち分けを意識する。「時刻」のイメージで、「クォーター」エリアで3つの振り幅を身につけよう

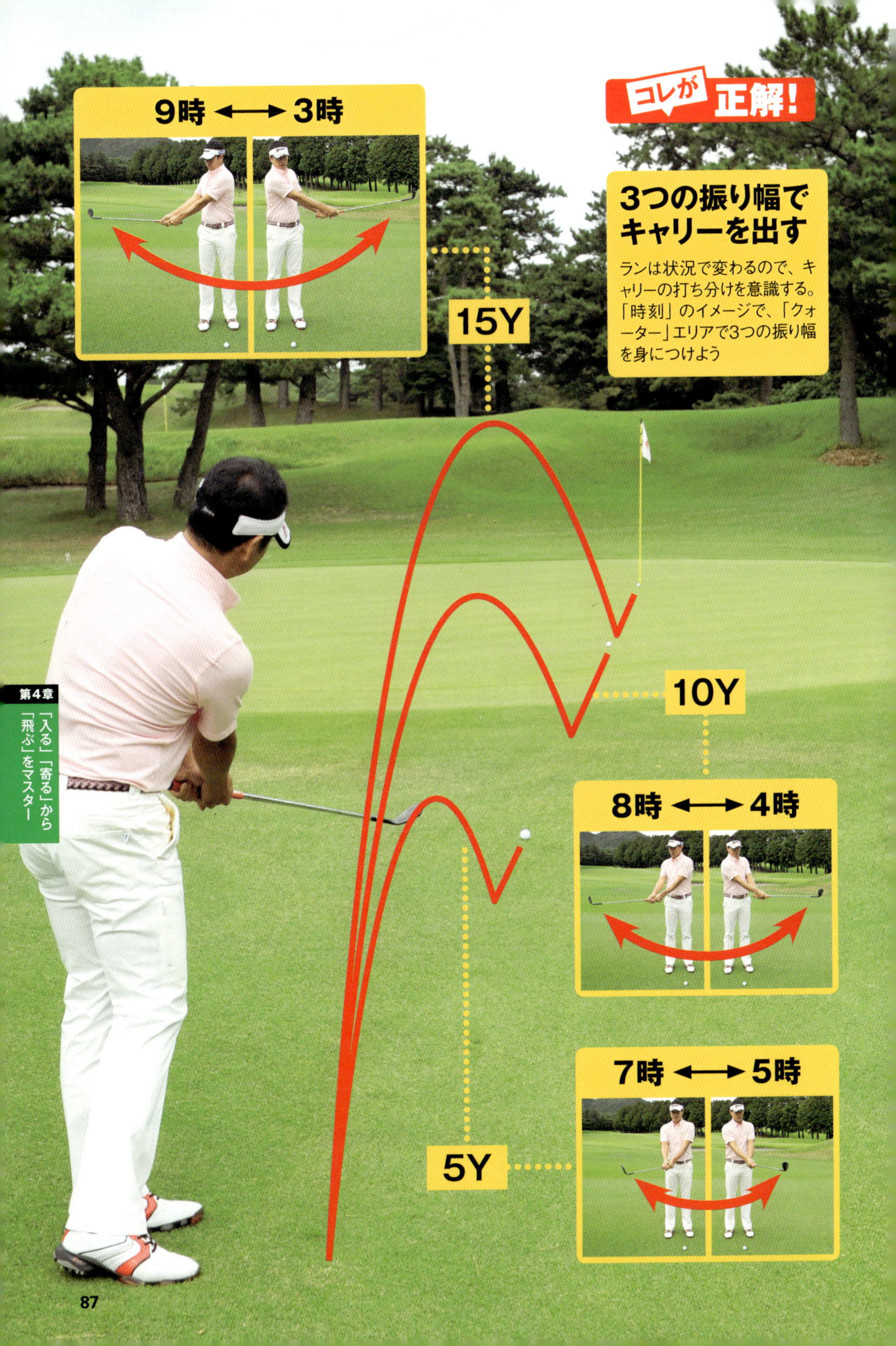

「S1」ドリル②

下半身、手首が動いてもOK！筋肉の連動を無理に止めるな!!

ココが間違い！
目線が上
ボールを上げたい目線になると、振り遅れやすい

コレが正解！
左下に振る
「S1」から「左下に振る」意識を高めていきたい

「つられて動く」は正しいスイングに

上体の回転だけで振る、と言うと、手首をガッチガチに固め、下半身をガッチリ固定して微動だにさせずに振るイメージを持つかもしれないが、それではスイングにならない。

全身の筋肉がつながっている以上、上体が回転すれば下半身も引っぱられて、多少は動く。クラブの慣性で手首の筋肉も引っぱられるから、多少のコックも入っていい。

積極的に動かすのではなく、上体のターンに連動して動くぶんは構わず、固定しすぎないことだ。左下に振るイメージと、ヘッドの動きに引っぱられる感覚を大切にしてほしい。

コレが正解！
「左下に振る」意識なら、右肩も下がらず、すくい上げる悪い動きが入らない

S1による20Yアプローチ

ツマ先を左に
ボールはスタンス中央に置き、両ツマ先を左に向ける
慣性を止めない
クラブの慣性で上がる動きを、無理に手で止めない
手を追い越す
インパクト後にヘッドが手を追い越すようにする
左下に収まる
ヘッドを跳ね上げず、上体のターンなりに低く収める

「背中」で上げ「足」で戻す「S2」！スイング軸が見えてくるぞ!!

上体を起こしてターンの動きを確認

さて「S1」で上半身の動きを覚えたら、下半身の動きを加える「S2」動作に進もう。

まずは上体を起こし、クラブが腰の前で水平になるように構えてほしい。次に、背中を目標方向に向けるよう、上体を90度ターンさせる。すると、クラブは右腰の前に来るはずだ。

ここから、足で下半身を左に90度ターンさせる。すると、右腰とクラブの位置関係が変わらない状態で、クラブと上体は元の位置に戻る。

この、手をまったく使わず、上体と下半身のターンだけでクラブの「クォーター」の動きを行うと、スイング軸の感覚が明確になってくるはずだ。

このまま前傾すれば、正しく下半身が身体の回転をリードしつつ、ヘッドが遅れない理想的なインパクトの姿勢になることがわかるだろう。

クラブは水平
上体を起こし、クラブを腰の前で水平に構える

クラブが戻る
右腰とクラブの関係が変わらずに、元の位置へ戻る
足でターン
ダウンの左回転は足の動きだけで行い、捻転差を保つ

ココが間違い！
クラブが不動
手を使わず足だけ動かすと言っても手元は止めない

「手を使わない」というのは、手元を動かさないことではない

上体でターン
背中を目標に向けるように、上体を90度ターンする

コレが正解!

上体のターンでクラブを90度動かし、そこでグリップを右腰につけることで、捻転差をキープしたまま、下半身のターンで元に戻す動きが実感できる

右腰につける
クラブを短く持ち直し、グリップを右腰につける

「S2」のイメージ

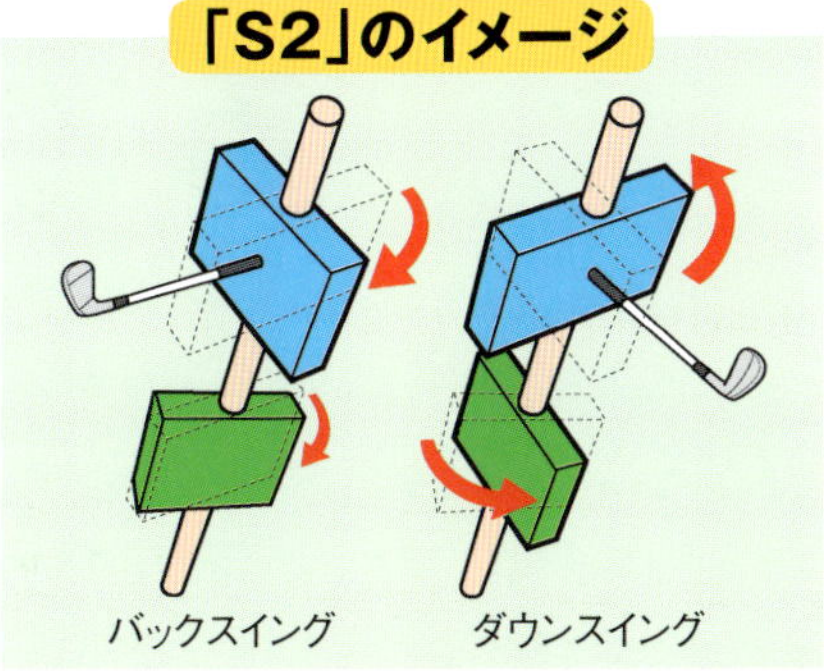
バックスイング
ダウンスイング

上体のターンに従い、下半身も回る。その捻転差を維持したまま、戻す

ココが間違い!

下半身の動きはターンであって、左へ体重を乗せる動きではない

「S2」ドリル②

「背中→足」で振るだけ！ だが、惰性でフォローも出る!!

クラブを止める余計なリキみは不要

上体のターンで振り上げ、下半身のターンで下ろすだけ。これでSWを使い、30ヤードぐらいのアプローチが打てればOKだが、フォローはどう取るのか、気になるところだろう。

イメージでは、上げて下ろすだけなので、手元をさらに振る意識はない。結果、シャフトの逆しなりでヒットする感覚も養える。

だが、現実にはフォローは出る。クラブの動きをインパクトで無理に止めなければ、ヘッドは走り抜け、腕と身体も引っぱられて、トップとほぼ左右対称になるところでフィニッシュとなる。これで正解だ。

ココが間違い！
力で止める
リキんでクラブをインパクトで無理に止めるのはNG
フォローを出す
意識的にフォローを出すのはスエーの原因になる

手で止めない
ヘッドが走り抜ける動きを、手の力で止めない
左右対称に
振り上げたぶんだけ、フォローもしっかり出ていい

正しいイメージ

手は受動的
クラブの慣性の動きに従って、軽くコックが入る
元に戻すだけ
ヘッドを上げたぶんだけ、下半身で戻せばOK

S2による30Yアプローチ

しなりを感じる
手は使わないが、シャフトのしなりを受け止める

「S2」でも左下に振れ！
左腕とクラブの三角形を倒せ!!

ココが間違い！
手元がしなる
振り上げる時点でヘッドを遅らせて反動をつける
反動でコック
クラブの動きと手元を反対に動かして、タメを作る

正しいイメージ

左腕とクラブでできる三角形の平面をイメージ。これを「S2」で、ドアのように開閉する

ヘッドを先に出すイメージをチェック

クラブの慣性に逆らわないように意識していると、ついダウンで手元を先行させる、悪い振り遅れの動きに戻してしまう危険性がある。

左肩、左手首、ヘッドで作られる三角形を想像してほしい。その面を右に倒さないように、スイング軸でのターンに沿って右に開き、左に閉じるドアのようにイメージすれば、余計なタイムラグはなくなる。

さらに左に倒すイメージなら「左下に振る」動きを促し、ヘッドを先に出せるようになる

前傾で下向き
三角形の左面は前傾のぶんバックスイングで下を向く

コレが正解!
左に倒す
ダウンで三角形を
に倒すイメージ
ほうがベター

ココが間違い!

スイング中、三角形が右に倒れて、左面が上を向いてしまうのはNG

左腕のローリングでシャフトを前に倒し、ヘッドを回すと左下に上手く振り抜ける

スイングプレーンを作る「S3《手打ち》」！ 肩から肩へ「ヨーイ、ドン」!!

ヘッドの重みで振られて伸びる腕

「クォーター理論」最後のパーツが「S3」動作。「S2」までは手を使わなかったが「S3」は手しか使わない。

基本的には、第1章で紹介した「水平振り」でいいが、いくつかチェックポイントを追加しておこう。

胸を正面に向けたまま、左右の肩から肩へと連続素振りを繰り返す。腕はグニャグニャにやわらかく、ヘッドを「ヨーイ、ドン！」と一気に左へ振り切る勢いで、引っぱられて伸びるのが正解だ。また、トップとフィニッシュではシャフトとヘッドの刃が、スイング軸と直交するように心がけてほしい。

コレが正解！
○刃が水平
トップとフィニッシュでは、ヘッドの刃が水平になる

×ココが間違い！
×トウが下がる
アウトサイド・イン軌道の振り方になっている
×トウが上がる
インサイド・アウト軌道の振り方になっている

コレが正解！

肩の高さで「水平振り」

胸を正面に向けたまま、腕をやわらかく使ってヘッドの「水平振り」を繰り返す。これがスイングプレーンになる

ココが間違い！

腕を伸ばそうと突っぱってしまってはダメ。手首を使って振っても、正しいプレーンはできない

肩や身体を回してしまうと、正しい腕のローテーションとフェースターンの動きがマスターできない

「S3」ドリル ②

ヒントは卓球のドライブ！「ハンドバック」でフック!!

コレが
正解!
ヘッドを返す
「手打ち」でボールを捕まえるには、ヘッドを返す
ハンドバック
手元より先行させたヘッドは、返った形になる

下半身固定でプレーンをなぞる

連続素振りでプレーンが整ったら、スタンスを広げ、前傾して打ってみよう。プレーンをなぞるイメージで、インパクトは通過点と考えて、肩から肩へ振り切る。ボールが左に出る低いフックになればOKだ。

上手く打てない場合は、ハンドファーストの逆の「ハンドバック」を意識する。「ヨーイ、ドン！」で一気にヘッドをターンさせるつもりで振り出す。イメージは、卓球でドライブをかける動き。フェースを下に向けてからボールを捕らえていく。ちょうどラケットと右ヒジの位置関係が、ヘッドと手首のポジションになる感覚だ。

フェースターンを早い段階で行うには、卓球のドライブをイメージするといい。打球面を下に向け、下から上に振ってトップスピンをかける感覚だ

コレが正解!

「手打ち」で引っかける

スタンスを広げて腰を落とし、下半身を固定。胸を下に向けたまま肩を回さない「手打ち」で左に引っかけが出たら、正しく振れている証拠だ

「水平振り」の体勢から、スタンスを広げて腰を落とし、股関節から前傾する。このアドレスなら、下半身が動かない

○ 引っかける

ボールが左に出る低いフックになったら「手打ち」ができている

上体をターンさせず、やわらかく腕だけで振り抜く。7番アイアンで、これだけ引っかかる

完成
ドリル

「S3」と「S2」の合体！フックをストレートに近づけろ!!

S2=スライス要素
S3=フック要素

足の動きで身体のターンを促す「S2」と、腕の振りでヘッドを先に振る「S3」。それぞれスライスとフックの要素が強いので、組み合わせることでストレートが打てる

「手打ち→足の裏」の順序でストレートに

「S2」は身体の回転と、シャフトのしなりを生かすスライス要素の強い動作。これを、腕の振りでシャフトのトルクを使うフック要素の強い「S3」に組み合わせることで、強いストレートが打てる、正しいスイングが完成する。

組み合わせ方で注意してほしいのは、同時に行わないようにすることだ。同時を意識すると、ボディターンに近い「S2」の動きが強くなりすぎる。「手打ち」を行ってから、フィニッシュで「足の裏」を「S2」のように後方に見せるつもりで上げる。これでフックからストレートに近づけるのだ。

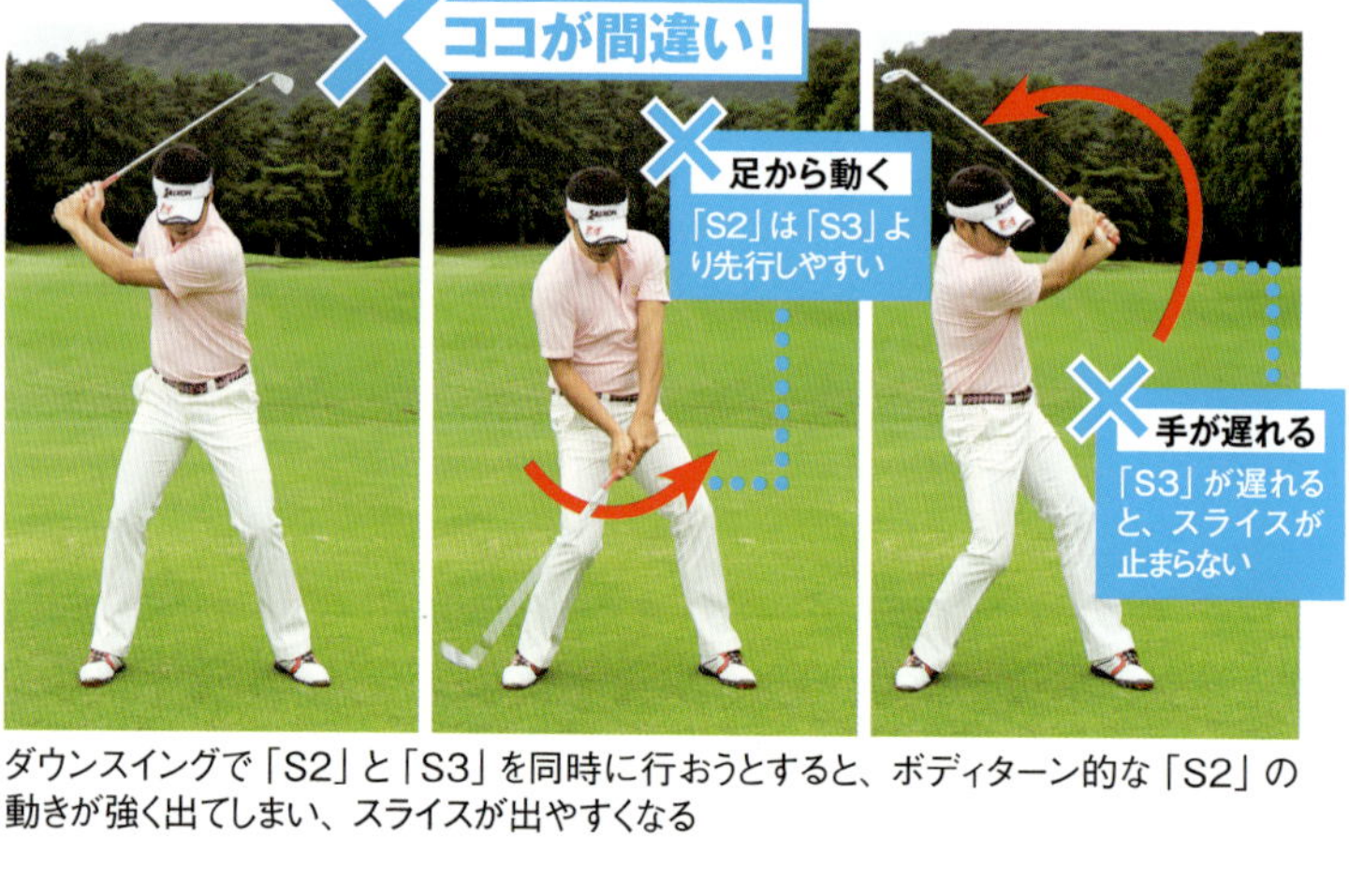
ココが間違い！
足から動く
「S2」は「S3」より先行しやすい
手が遅れる
「S3」が遅れると、スライスが止まらない

ダウンスイングで「S2」と「S3」を同時に行おうとすると、ボディターン的な「S2」の動きが強く出てしまい、スライスが出やすくなる

コレが正解！
1 2
3 4
広いスタンス
下半身を動きにくくして「S3」の動きを強調
「手打ち」する
まず「S3」の動きでボールを捕まえ、フックを打つ
手打ち
足の裏
足でターン
クラブを振り切ってから、足で身体をターンさせる
「足の裏」見せ
フィニッシュでは「足の裏」を後方に向けて立つ

スタンスを狭めると

徐々にスタンスを狭めて「S2」要素を強めると、ストレートに近づく

Column

「S1」「S2」「S3」に動きを分けて覚える理由

スイングの基本的な動きをマスターするために、私は「S1」「S2」「S3」という動作のパーツに分解しました。

右手で丸、左手で四角を同時に書くような複雑なことは、大人の頭ではなかなかできません。それぞれをこなしてから、後で統合したほうがやさしいのです。

「S1」は肩の回転だけだから単純で覚えやすい動き。それで振り幅を広げていくと「9時→3時」が限界で、それより上はヒジが外れてしまうはず。そこで、下半身の回転を加えて動けるようにするのが「S2」です。

「S2」で、スイングのヨコ回転と、シャフトのしなりを生かしたインパクトの答えを手に入れたら、一旦置いといて、腕によるタテの円の動きである「S3」でフックを打つ練習に移るのです。

このパーツごとの準備が整ったところで、順序をひっくり返して「手打ち→足の裏」と組み合わせると、バランスの良いスイングになるのです。

上級者になれば、もちろん「背中→足」だけ意識して、手は考えなくても「S3」の動きは十分に機能します。手を使わずに下半身リードという、従来の「ボディターン」スイングのイメージに近づくわけです。

第5章

「クオーター理論」ならどんなライからでも「乗る、寄る」

スイング軸を左右に傾けない!!
左手首の角度は全番手共通

7番アイアン
腕を垂らして握れる前傾姿勢
番手にかかわらず「手打ち」しやすい左手首の角度は一定。それを変えずに、シャフトの長さに応じて股関節からの前傾角度を変えて対応する

ドライバー
SW
角度が一定
ドライバーもSWも、左手首の角度は同じになる

番手のアレンジは前傾とボール位置で

どんなライにも対応できるアドレスというのは、まず「手打ち」ができること。そのためには、腰から上の姿勢が安定していなければならない。

まず、スイング軸（背骨のライン）が左右に傾かず股関節から前傾していること。そして腕を垂らした状態でクラブを握り、シャフトと左腕のジョイントである左手首の角度が一定であること。そのため、番手の長さごとに前傾角度が変わるのだ。

手元の位置は、センターよりやや左の、太モモ付け根の前に来る。ボール位置は、短い番手はセンターで、長くなるにつれて、リリースが間に合うよう左に移動する。

コレが正解!

左右に傾けない

スイング軸は左右に傾けないことでバランスよく振れる

左内モモの前

手元の位置は、クラブのリリースに間に合う左寄り

手元をセンターにすると、ボールが捕まる感覚を覚えやすい

振りやすい姿勢で素振り！ 地面との接点から判断すべし!!

ボールに合わせず スイング軌道から

コースでは、ティグラウンド以外に平らな場所はほとんどない。微妙なアンジュレーションにも対応していくには、素振りで判断するのがベストだ。

スイング軸を意識し、素振りでソールを地面に滑らせる。その接点からボール位置を決めれば、クリーンに打てるはず。

左足カカト線上などと足元との位置関係にこだわらず、振りやすくてキッチリ当たるヘッド軌道から考えてほしい。

×ココが間違い！

×右に寄せる
なんとなく、右に置けば当たると思うのは間違い

×当てにいく
当たるか不安になり、上体がブレて突っ込む
×元に戻れない
アドレスの位置に戻らず、手前を叩くミスになる

コレが正解！

素振りでチェック

ボールに近いライで素振りし、地面との接点がどこになるか確認する

ターフを見る

ソールが当たったターフを見て、ヘッドの入り口を判断する

位置を決定

ヘッドの入り口にボールが来るよう調整。スタンス位置を変える

ソールの当たったターフ位置から、ボールをヒットできる立ち位置がわかる

斜面なりに立ち「S3」！低いライナーで距離を稼ぐ

「手打ち」主体ならスライスしない

斜面では、まず打ちたい弾道をイメージする。左足下がりでは高く打ちづらいが、斜面なりにスイング軸をセットすれば、強いライナーは打てる。

左足に体重を預けたまま「S3」を強調したスイングなら、ボールの捕まりも良く、スライスせずに強く、低く飛んでいく。傾斜の度合いがきつければ、右足を引いて構えればバランスを保ちやすい。ボールを上げない意識が成功のポイントだ。

コレが正解！
斜面に垂直
斜面に対してスイング軸が垂直になるよう構える
左足体重
スイング中も、一貫して左足体重をキープする

肩で上げる
肩の回転で、斜面に沿って高く引き上げていく
ハンドバック
ヘッドを先行させるイメージだと、ダフらず打てる

「S3」の「手打ち」を主体としたスイングなら、ボールが捕まる

右足を引く
バランスを取るために、右足を引いて構えるのも有効

右足を引くと、左サイドの踏ん張りが利き、軸ブレしにくくなる

左足下がりから強いライナー

コンパクトに
ヘッドは高く上げるが、手元は低めに抑える
ヘッドを先に
「手打ち」イメージで、ヘッドを先に出していく
1
2
3
4
目線は低く
目線や頭を上げず、ライナーを打ち抜いていく
打ち終わった後、右足を1歩踏み出してしまうぐらいがベター

傾斜に逆らい軸を鉛直に！ハイボールでグリーンを狙え!!

コレが正解！
右ヒザを曲げる
右足を引き、右ヒザを深く曲げてバランスを取る
左に出さない
スイング軸を鉛直に立て、手元を左に出さない

プレーンの設定でソールが滑り込む

左足下がりから、どうしても高いボールでグリーンに止めたい場合は、軸を重力に鉛直に立て直す。そしてスイングプレーンを左に向けることで、ダフらずにソールをボールの下に滑り込ませるのだ。

カット軌道で振ることになるが、これならシャフトが飛球方向に倒れないので、ロフトを十分に生かせる。飛距離は多少落ちるので、1～2番手長いものに換えてほしい。

スイングプレーンを左に向けることで、ボール後方の斜面にダフることなく、ボールを拾っていける

左足下がりから止まるハイボール

右足にも体重
基本は左足体重だが、なるべく右足にも体重をかけて踏ん張る
「手打ち」する
下半身を極力使わず「手打ち」でプレーンに沿って振り下ろす
1
2
3
4
頭を残す
フォローで頭を左に突っ込ませず、左足の上に残して振り抜く

左へは絶対行かせない！「背中→足」でドーンと打て!!

コレが正解！
軸は起こす
傾斜に逆らい、鉛直になるよう軸を左に起こす
左ヒザを抜く
左ヒザが邪魔にならないよう、左足を後方に抜く
ロフトを立てる
斜面に沿って寝たロフトを、平地同様まで立て直す

傾斜に逆らってロフトを立てる

左足上がりはフックが出やすいので、ショートアイアンでは大フックや引っかけが怖い。さらに、ボールが高く上がりすぎてショートしがちだ。

こういった状況では「S2」をベースに振るのがベター。左足に体重をかけてスイング軸を鉛直に起こして「背中→足」のスライス要素を含んだスイングなら、左足上がりのフック要素と相殺されて、ほぼ真っすぐにピンを狙っていける。

フォローは抜けにくいが、大事なのは「クォーター」でのクラブの動き。シンプルに、ドーンとヘッドをぶつけていって正解なのだ。

「背中→足」
「S2」のボディターン動作で、シンプルに打つ

「S2」ベースのフルスイングには、シャフトのしなりを生かして打つスライスの要素がある。左足上がりのフックの要素と相殺されて、ストレートに狙えるのがメリット

左足上がりからロフトなりに飛ばす

右に寄せない
スイング軸が傾かないよう、頭の位置は右足より内側にキープ

足で打つ
「S2」イメージなので、ダウンでは積極的に足でターンを促す

フォローは惰性
フォローはヘッドが斜面に食われて、小さくなっても構わない

斜面にぶつける
インパクトはヨコから斜面にヘッドをドーンとぶつけるイメージ

斜面の判断 左足上がり ②

長い番手は斜面なりに立つ！ でもやっぱり「S2」だ!!

コレが正解！
右に傾ける
スイング軸を斜面なりに、少し右に傾けて構える

左ヒザを出す
左ヒザを深く曲げて出すと、ターンしづらい

左足を引く
左ヒザが引けて、クラブの通り道ができて振りやすい

左ヒザを開く
身体のターンを促しやすく「S2」動作がスムーズに

捕まりにくい番手は斜面に沿って振る

同じ左足上がりでも、長い番手を持つ場面では、斜面に逆らうのは得策ではない。

長い番手はロフトも少なく、ボールが捕まりにくい。斜面にぶつけるように叩くと、右方向にゴロを打つのが関の山だ。

ここは斜面に沿って打ち上げられるよう、スイング軸を斜面なりに少し倒す。ただし、頭が右足の上までが限界だ。

アレンジはこれだけ。やはり「背中→足」の「S2」動作で振るのは変わらない。それでも斜面に沿ってヘッドが動くぶん、捕まりは多少良くなる。長い番手の捕まりにくさが相殺される。また、打球は高くなるので、グリーンで止まりやすくなる。

左足上がりから止まるハイボール

コンパクトに
手を振り上げすぎると、バランスを崩しやすくなるので抑える

左ヒザでターン
両足でターンする意識だが、右足は体重を支えている

1 2
3 4

あおらない
斜面に沿って振り抜くが、あくまでフォローは「左下に振る」

ベタ足のまま
スイングを通して、右足は動かずに体重を支えてバランスを取る

曲がりを抑えるには短く持ってツマ先閉じて「S2」スイング!!

ロフトが少ないとフックしづらい

ツマ先上がりは、左足上がりよりもフックしやすい斜面だ。打ち方のベースは「S2」に置きたい。だが、それ以前に番手選びやアドレスにもフックを軽減できるポイントはある。

まず長い番手を選び、短く持つ。長い番手のほうがロフトが少ないので、フックがかかりにくい。また、短く持っても飛距離が十分に出るので、安心してコンパクトに振れる。

気をつけたいのは前後のバランス。平地のようにツマ先を開くと、カカトに体重がかかり、のけぞりやすくなる。両足が平行になるぐらいまで閉じれば、バランスが取れる。

ココが間違い!
ツマ先を開く
平地のようにツマ先を開くと、体重がカカトに集中
カカト体重
上体がのけぞりやすく、バランスが崩れがちになる

コントロール
振りすぎるとフックは抑えられない。コンパクトに

ツマ先上がりからフックを抑える

抑えても、多少はフックする。打ち出し方向に対してスクエアに構える

ツマ先を閉じる
両足が平行になるくらい閉じると、バランスが取れる
やや右寄りに
ボールを少し右に置くと、捕まりすぎなくなる

「背中→足」
「S2」のスライス要素でフックを軽減する

コレが正解!

ツマ先でつかむ
トップまで振り上げても、カカト体重にはしない

右カカトが浮く
足で回すイメージなので、右カカトが上がり始める

スライスのミスを警戒?! いやいや「S3」ならドローだ!!

腰を落として「手打ち」でOK

ツマ先下がりが苦手なアマチュアが多いのは「手打ち」ができていないから。「S3」をマスターすれば、カンタンに対応できるようになる。

足より下にボールがあるから、スタンスを広げて腰を落とす。下半身固定で腕の振りだけで打つ……まさに「S3」の打ち方そのものなのだ。だから、傾斜なりのスライスではなく、よく捕まったドロー気味の弾道が出るのだ。

前のめりにならないよう、ツマ先上がりとは逆に、ツマ先をしっかり開く。ヒザと腰の角度をキープしたまま、ヘッドを振り抜いて捕まえるのだ。

ココが間違い!
手元が流れる
少しでも腰が開くと、手元が流れてスライスに
伸び上がる
強く振ろうとしてヒザが伸びるとトップに

ベタ足を保つ
振り抜いても下半身不動が「S3」の証明

ツマ先下がりからスライスを抑える

腰の角度
腰をしっかり落とし、腰の角度をスイング中キープ

ハンドバックのイメージで、ヘッドを回して打つ「S3」の動きで対応

ツマ先を開く
ツマ先をしっかり開いて構えると、前にのめらない

「手打ち」する
「S3」ドリルのように、腕の振りだけでヒットする

コレが正解!
ヒザの角度
スイング中、絶対に伸ばしてはいけない
ハンドバック
ヘッドを先行させるつもりでフェースターン

ライ対応①
抜けないラフ

「上からドン」は腕ではダメ！コックの入った「S2」で打て!!

ココが間違い！
腕で上から
鋭く打ち込む
草の抵抗を避けようと、腕で極端に鋭角に打ち込んでも、ボールにそのエネルギーは伝わらない

適度な入射角で打ち込んでいく

ラフに深く沈んだボールには、ショートアイアンやウェッジなどヘッドの重さを生かして対応するのがベター。だが、やたらと上から打ち込んでも、ヘッドのエネルギーが手前の地面に向かうばかりで、ボールには伝わらない。

適度な入射角で打ち込んでいくには、ボール位置を少しだけ右に寄せて「S2」動作をイメージするのがいい。背中や下半身の大きな筋肉を使って、やわらかく打ち出せる。

切り返しで手首をやわらかく使い、ヘッドの重さでコックが入るようにすると、より打ち込みやすくなるはずだ。

コレが正解！
手は使わない
「S2」を意識して、上体のターンで振り上げる
コックが入る
上体のターンで生じたクラブの慣性で、コックが入る

「S2」のバックスイングで少しコックが入ると、十分に打ち込める入射角が得られる

コレが正解！

上から左へ

ヘッドが抜ける角度で打ち込まなければ脱出できない

浅い入射角で拾える「S3」！右腰の前なら引っかからない!!

コレが 正解！
芯の上限
これより上で当たると、弱々しく上がるだけのミスに

ラフでは、ボールの高さにヘッド軌道を合わせたい。それには緩やかな軌道がベター

リリースが早いから払い打ちにピッタリ

ラフでは、ボールが浮いたライでも、ヘッドが下を潜るミスになる危険性がある。

沈んでいる場合とは逆に、なるべく入射角を浅く、払い打てれば打球をコントロールできる。それには、ボールより右でいち早くリリースをを促す「S3」がピッタリだ。

ただし、ウェッジでリリースが早いと、引っかけが怖いだろう。これを防ぐには、少しだけ「S2」の要素である、足のターンを加えればいい。

ダウンでは足のターンに合わせて、右腰の前でインパクトを迎えるようにする。これだけで真っすぐ打てるのだ。

コレが 正解！
「手打ち」する
ヘッドのリリースが早くなり、入射角が浅くなる
ボールを拾う
低い位置から払い打ち、ボールだけを拾うイメージ

右腰の正面で「手打ち」する

ラフでもボールが浮いていたら、打ち込んではいけない。「S3」の早いリリースでの払い打ち軌道を生かし、足のターンで引っかけを防ぐ

ライ対応③
ディボット跡

「打ち込む」からザックリ！沈んだボールこそ払い打て!!

ヘッドが下に入りづらい
ターフがえぐられたディボット跡のボールは、沈んでいるので打ちにくいイメージが強い

「S3」動作でヘッドを先に落とす

ディボット跡に沈んだボールを打つ場合、なるべく芯の近くで捕らえようと、ヘッドを上から入れる人は多いが、実はそれがミスを広げる要因なのだ。

ヘッド軌道を鋭角にして、少しでも手前をダフってしまうと、ヘッドのエネルギーがほとんどボールに伝わらず、まったく飛ばないザックリになる。

もっと緩やかな軌道で払い打ち、ロフトで拾っていくのがベター。ボール位置を少し右に寄せて「S3」を意識すれば、払い打つつもりでもヘッドが先に落ちるので、適度な打ち込み加減でボールを拾える。弾道はドローになり、ランも稼げる。

ココが間違い！
上から打ち込む
少しでも手前に入ると、ザックリになる

コレが正解！
「S3」で払う
ヘッド軌道は緩やかに、インサイドから払うイメージ

コレが正解！
胸を向ける
ボール位置は右足寄り。そこに胸を向けて構える
インに上がる
上体が右向きのぶん、ややインサイドに振り上げる
フェースターン
ハンドバックのイメージでフェースを返していく
低いフォロー
「S3」のプレーンどおりに、左肩の前に手が収まる

ザックリか、跳ねてトップか?! 応用範囲が広い「S3」でOK!!

芝が薄いと不安になる
秋から冬、春先にかけて出くわす、芝が薄く、地面が固いライ。見た目だけで緊張しやすい

振り抜ける
ヘッドが突っかからないので、フォローが取れる

突っかかる
ボールと手前のターフが飛ぶ。もちろんミスショット
小さいフォロー
ボールの手前で刃が刺さったため、抜けが悪い

ボールを右に置いても浅い入射角だから滑る

プロは気にしない程度の芝が薄いライでも、アマチュアはディボット跡並みに嫌う人が多い。

これは「S2」で少し打ち込み、スピンをかけることもできるが、打ち込むイメージを持つだけで、ザックリする危険性もあるライには違いない。

やはりディボット跡と同様、ボール位置を右に寄せて「S3」で払い打つのがベターだろう。

目標のやや右からドローで戻すイメージでOK。多少手前を噛んでも、ヘッドが滑ってボールをカンタンに拾ってくれるはずだ。

ボール位置は右足前でOK。だが、打ち込む意識は持たない

コレが正解!
早いリリース
「S3」イメージで、ヘッドを早く手前で下げる
ドローを打つ
ヘッドを先行させるようにしてフェースを返す

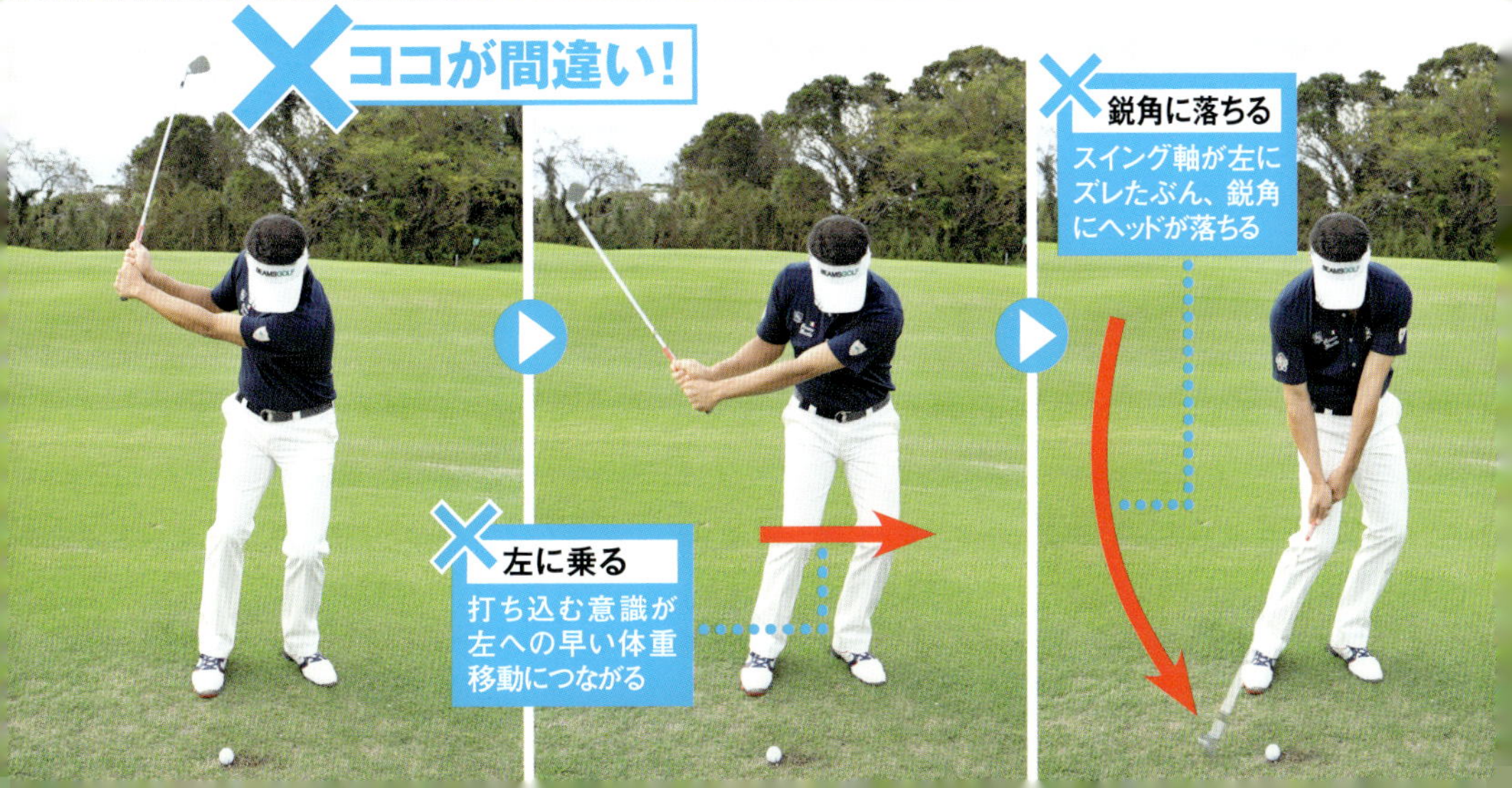
ココが間違い!
左に乗る
打ち込む意識が左への早い体重移動につながる
鋭角に落ちる
スイング軸が左にズレたぶん、鋭角にヘッドが落ちる

ライ対応⑤
やわらかいバンカー

シャフトを右に倒して回り込み「S3」でヘッドを先に落とせ!!

フェースの開き方

BEAMSGOLF

シャフトを右に倒して開く

バウンスを強調するには、シャフトを右に倒してロフトを寝かせるように、フェースを開いていく

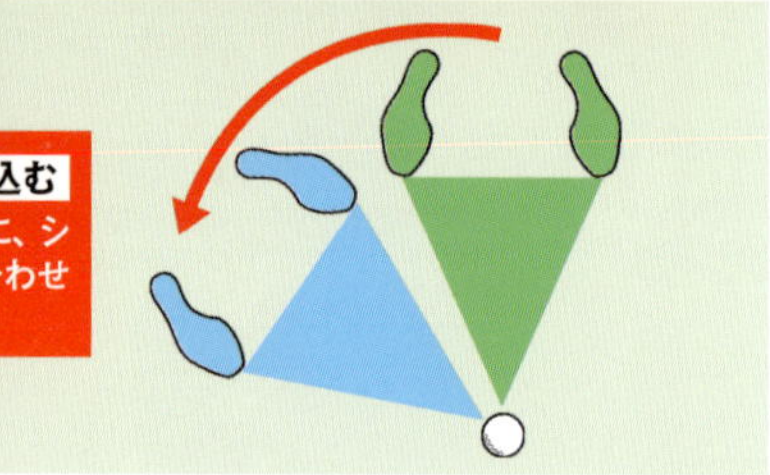

右に回り込む
ボールを中心に、シャフト位置に合わせて回り込む

左に出さない
ハンドファーストにはせず、身体のセンターに置く

フェースを開いて バウンスを生かす

砂がやわらかいバンカーでは、ヘッドが潜りすぎないよう、バウンスを生かす打ち方になる。バウンスを強調するには、シャフトを右に倒して、ロフトを増やすようにフェースを開く。

そのシャフトの位置に合わせて、ボール位置を中心に右に回り込んでアドレスを取る。すると、フェースは目標を向いた状態で、オープンスタンスを取った形になる。

このままスタンスなりに振ってしまうと左へ飛ぶので、ヘッドは目標に向かって振る。要は「S3」の、ハンドバックでヘッドを先に落とすイメージで、ボールの手前にポンとソールを落とせばいいのだ。

コレが正解!
1
2
3
4
ヘッドを落とす
「S3」の早いリリース感覚で、入射角が緩やかになる
ハンドバック
フェースを開いているので、ヘッドをターンしても左へは行かない
フェースを目標に向けているので、スタンスなりではなく、目標に向かって振る
BEAMS GOLF

ライ対応⑥
締まった
バンカー

バウンスを弱めて砂を削るフェースは右向き、左に振れ!!

ボールをカットして高さとスピンを得る

砂が締まったバンカーでは、バウンスを使うとヘッドが跳ねてミスになる。上手く砂を削るには、少しシャフトが左に倒れるハンドファーストにしたい。ただし、それだけでは高さが出しづらいので、フェースを右に向けて、ロフトを増やす。

このまま目標方向に振ると右に飛んでしまうので、少し左を向いて構え、スタンスなりに左へ振る。振り方のベースは「S3」でOK。ボールに対してはカット軌道になるので、スピンもよくかかる。

シャフトを左に倒しフェースを右向きに

バウンスを弱めつつ、ロフトを増やすために、シャフトを左に倒し、フェースを目標方向より右に向けて開く

1
2
3
4
手元が左
手元がボールの上に来るよう少しハンドファーストに
左下に振る
砂をしっかり削りたいので「左下に振る」感覚を強調

コレが正解!

カット軌道で砂を削り取る

フェースを右に向けるぶん、スタンスを左に向け、カット軌道をイメージして左に振る。高さも出て、スピンも強くかかる

ピンポイントを狙えるぞ！コックを加えて「背中→足」!!

足でターン
「S2」なので、ダウンでは下半身を積極的に回す
シャフトが立つ
コックを保つと、フィニッシュでシャフトが立つ

「S2」がベースのフルスイング

アマチュアでも、ショートアイアンを持てばピンに絡めたいはず。通常のフルショットより5ヤードほど抑えた、いわゆるラインの出るショットが打てると、スコアはグッと縮まる。

コントロール性を高めるには、シャフトのトルクのパワーを抑えた「S2」をベースにするのがいい。ただし、スライス要素を相殺し、フルスイングにするため、手首のコックを取り入れるのだ。

「S2」では、腕の動きがおとなしい。そのため、コックを入れてもトップやフィニッシュはコンパクトになる。

だが、トップでコックを積極

コレが正解！
背中を向ける
「S2」の「背中」を意識して、上体を90度ターン
コックを使う
手首をフルコックすることで、フルスイングになる
コックを保つ
左手首の角度を変えないイメージでヘッドを前に出す

手首を親指側に曲げるコックを入れることで、クラブの運動量が増える

的に入れ、ダウンスイングでもその角度をキープするイメージで振ることで「S3」的なシャフトの前倒し動作が加わる。そのため、ボールの捕まりがよくなり、右にフケないストレートの弾道になるのだ。

低い弾道はコックじゃダメ！「右手甲の角度」で押し込め!!

右手甲の角度をキープし続ける
アドレス時の右手甲の角度をキープしたまま「S2」の「背中→足」でスイング。上から潰すのではなく、ヨコから押し込むように振り抜く
低く収まる
身体のターンに従い、手元は左に低く収まる
足のターン
下半身の回転を止めないことで、フックのミスを防ぐ

ロフトを立てて低いドローを打つ

長い番手はともかく、ショートアイアンで抑えの利いた低い弾道が打てなければ、風の日はスコアにならない。

打ち方のベースは、ライン出しと同様に「S2」でいい。だが、コックを使うのではなく、右手首を甲側に曲げるのがポイントだ。

ボール位置を少し右寄りに移動し、それに合わせて右手甲に角度をつける。この角度をスイング中、崩さずに振り切る。

注意してほしいのは、インパクトで手元を目標方向に突き出さないこと。下半身のターンに従って左に振り抜けば、ドロー系のライナーが打てる。

コレが正解!

ノーコック
「S2」感覚で、意識的なコックは使わない
右に寄せる
ボール位置は通常より、1～2個分ぐらい右に寄せる

ココが間違い!
手元を目標方向に突き出すと、大スライスやシャンクといったミスが出る
右手甲の角度
この角度をキープすることで、ロフトが立つ

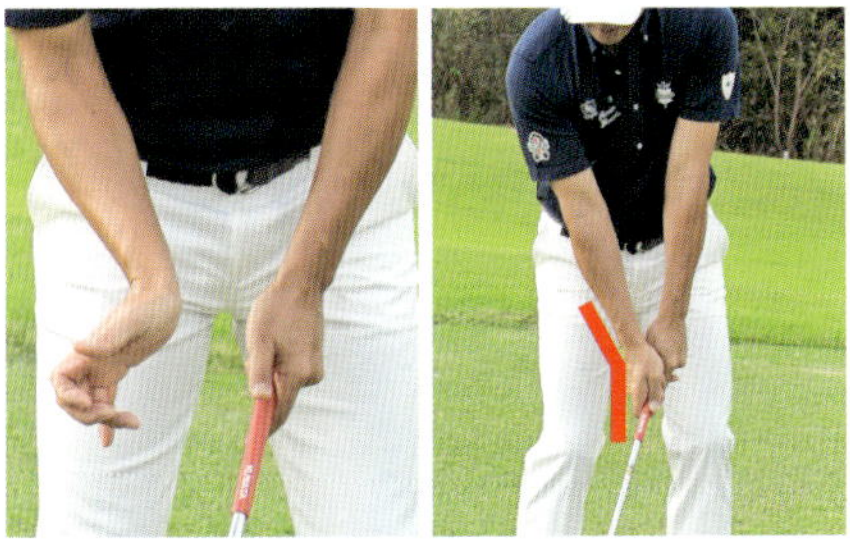

手元の位置を変えずに、ボール位置を右に寄せたぶん、右手首の甲側に角度がつく

右手で押し込むイメージで、ボールの捕まりは良くなる。下半身のターンが止まらないよう注意する

アイアンショット

連続写真

7番アイアンによるフルショットの連続写真だが、ここに写っているのはあくまでも「結果」であり、真似るべき「イメージ」ではない。ここまで述べてきた「クォーター理論」の基本動作である「S1」「S2」「S3」のイメージが機能してこそ、正しいスイングが実践できるのだ

Column

「足」と「足の裏」のニュアンスの違い

私は生徒に「S2」のアプローチの動きを教えるときは「背中、足！」と唱えますが「S2」と「S3」を組み合わせてフルスイングに移行する動きは「手打ち、足の裏！」と声をかけます。

この「足」と「足の裏」は意識して使い分けています。アプローチで「足の裏」と意識して右足をめくるように動かしてしまうと、左腰が抜けるダメな動きになってしまいます。

ベタ足気味に足で回しながら、フルスイングするから右足がめくれてカカトが上がり「足の裏」が後方から見えるようになるイメージが合うわけです。

同様に、私は「腰を切れ」とか「腰を回せ」とは言いません。腰を意識的に動かすと、大抵はやりすぎになり、身体の開きなどにつながるからです。

代わりに「足を回せ」と表現しています。足で回そうとすれば、ヒザや腰はつられて、必要かつ十分な回転の動きになります。

もちろん、言葉が表現している動きのイメージを明確にするため、まず目の前で手本を示します。目から得た動きや形と、シンプルで覚えやすい言葉が一致していれば、練習を繰り返しても忘れることがなく、チェックもカンタンなのでどんどん身につくのです。

第6章

「右で振る」と飛距離は「グングン伸びる」

ココが間違い！
コスリ打ち
フェースターンができず、コスリ打ちでは飛ばない

コスリ球では絶対飛ばない！フックが出るまで「手打ち」だ!!

フェースの開閉は飛ばしに不可欠

スイング技術から飛ばしを考えた場合「フェースターンでボールを捕まえる」動きは、絶対に必要だ。

スイングのエネルギーを効率よくボールに伝えるには、シャフトのしなりとトルクを上手に生かすことだが、それにはバックスイングでフェースを開き、ダウンスイングからフォロースルーにかけて閉じていくという動きが不可欠なのだ。

ボールが捕まらず、コスリ球のスライスを打っている人は、まず「S3」の左に引っかけるドリルを徹底的に行ってほしい。アウトサイド・インの軌道で左に引っぱるのではなく、フェー

ストレートは「手打ち→足の裏」

コレが正解!

引っかける
「S3」ドリルで左に出る低いフックが打てればOK
開いてから閉じていく
最初からフェースをかぶせてはダメ。開いて上げて、閉じて下ろすからシャフトのポテンシャルを引き出せる

「手打ち」の後
下半身のターンはフックを緩和する後付けでいい

右に高く出るか、左に低く出るかはフェースターンで決まる

スターンだけで左へ飛ばすのがポイント。

これができることで、初めて飛ばしのパーツがスイングに加わると言ってもいいだろう。

後回しでいい
体重移動

自分から左に動くな！クラブに引っぱられて動け!!

引っぱられる
身体のターンはクラブの勢いに導かれるのがベター
「足の裏」
「手打ち」動作の後付けで、身体のターンを促す
体重移動
身体のターンで体重は左に移る。意識しなくていい

ジュニアの動きにヒントがある

「体重移動で飛ばせ！」というレッスンを聞いたことがあるだろう。だが、体重移動は意識して行うものではない。

ジュニアゴルファーを見ているとわかるが、非力なぶん、重く長いクラブを効率よく振る方法が自然と身につく。それが「手打ち→足の裏」なのだ。

身体の右側でクラブを腕で振り、その勢いに引っぱられて身体をターンすれば、自然に体重は左に移る。

身体を左右に動かすイメージは、軸ブレにつながるので飛距離アップにも、方向性の向上にもつながらない。もっとクラブを振ることを考えてほしい。

正しいイメージ
「手打ち」
体重移動より、まずクラブを振るイメージが先
実際のスイング
足も動く
「手打ち」イメージでも、ヒザはすでに動いている

女子プロの中には「クラブを振る→身体を回す」動きが明確な選手もいる

右回転、左回転！足でもっと回すんだ!!

フックが打てたらどんどん回せる

体重移動ではなく、身体の動きでヘッドスピードのアップを考えるなら、下半身の「回転力」を上げることだ。

「S3」でボールが捕まるようになったら「S2」のスライス要素で、フックをストレートにする。このスライス要素が下半身の「回転力」だ。

「手打ち」のフックの度合いが強いほど「回転力」もアップしていける。「腕で速く振る＋身体を速く回す」ことになるので、ヘッドスピードがアップし、飛距離が伸びるのだ。

「回転力」は腰を意識すると身体が開くのでダメ。足で回す意識で行うのが正解だ。足で回せばヒザ、腰は連動する。

ココが間違い！
右に乗る
上体が右に移動するような体重移動はNG
左に踏み込む
クラブを振る前に左へ体重を乗せるのはダメ

野球のバッティングでも、左足に乗ってから振るのでは、まともに打てない

スイング軸は左右に動かさず、足の動きで右回転、左回転すれば自然に体重も移動する

1
BEAMSGOLF

コレが正解！
足で回す
足で回すとヒザ、腰が連動して動く。上体との捻転差も強まる
BEAMSGOLF
3

2

4

5
腕を振り切る
腕とクラブを振り切ることで体重が左足に移動

6
左足に乗る
クラブを振り切って、足を回し終えたら左足に乗る

大地をギュッとわしづかみ！足の指でグイグイ回せ!!

ノーマル
わしづかみ
拇指球で立つ
バランスよく立つと、体重は拇指球あたりにかかる
前のめり
少し前のめりになると、足で地面をキュッとつかむ

足の指で地面をわしづかみにすると、足の「回転力」をアップすることができる

カカト体重では地面をつかめない

足を回す力をつけるには、まず足の指で地面をつかむようにする感覚が必要だ。

アドレスでバランスよく立つと、ヨコから見て肩の後ろ、手の小指、ヒザ頭、足の拇指球がほぼ一直線に並ぶ。このとき、体重は土踏まずの少し前に感じるはずだが、その体勢から少し前に倒れるようにすると、耐えようとして足の指をキュッと握るだろう。これが「回転力」を出せる構え方だ。

普段から足の指の動きだけでタオルを手繰りよせたり、新聞紙をクシャクシャにするといったトレーニングを行うと、効果的に鍛えることができる。

ヘッドが先行
「S3」動作のハンドバックで、ヘッドを先行させるイメージ

コレが正解！

「回転力」アップ
「S2」の「回転力」を上げると、手元がヘッドに追いつく

スクエアヒット
下半身のターンが追いつくことで、スクエアに強く叩ける

身体の空回りはムダ！右でブワーンと大きく振れ！

ココが間違い！
タメを作る
鋭く振るつもりでも、リリースが間に合わない
身体を回す
振り遅れを助長するだけで、まったくのムダ
手前を叩く
積極的にヘッドを振らないと、手前に落ちる

「S3」だけでも大きく飛ばせる

最近は46インチ以上の長尺ドライバーも増えているが、扱い方を間違えると、飛ばせる道具にならない。

ダウンで、身体のターンで引き下ろそうとするのは禁物。旗竿のように長いものを振ってみればわかるが、旗（ヘッド）をブワーンと、ゆっくり大きく先に動かしていかないと、上手く振り切れない。

まさに「S3」感覚で、自分の右でゆっくり大きく振ってから、クラブに引っぱられてターン。それでも長尺なので、ヘッドスピードが出て飛ぶのだ。

コレが正解！
手で動かす
積極的に、手でヘッドを外に振るように動かす
ブワーン
大きく、ゆっくり、ブワーンというイメージで先にヘッドを振る
引っぱられる
ヘッドの動きに引っぱられてから身体をターンする

飛ばしのヒント②
長尺を
上手に使う②

左手首の角度キープも
スローリリースでOK!!

シャフトの前倒しでしっかり捕まる

右サイドでゆっくりリリースしても、まだスライスするという人は、フェースターンが足りない。つまり「S3」のシャフトの前倒しができていない。

トップから、左手首の角度をキープするつもりで振り下ろすと、手元が下がり、シャフトを前に倒すイメージでフェースターンが促せる。

シャフトが長くて重いから難しい？　いや、リリースがゆっくりできていれば、そんなことはない。ヘッドがプレーン上を動くよりも、手元の動きはもっとゆっくりでいいからだ。

○ 角度をキープ

左手首の角度をキープすると、シャフトの前倒し動作がスムーズに行える

鏡などを利用して
プレーン上でフェ
ースの動きを確認
するのがベター
BEAMSGOLF
手元を下げる
手元を下げてヘッド
を先に出すとターン
が促される

飛ばしのヒント③ グリップの見直し

ヘッドの居場所を感じ取れ！ 親指と人差し指の間を緩めるな!!

左手と右手はカウンターに使う

「S3」のように、シャフトを前倒ししてヘッドを振ることを考えると、左右の手を交差させる、カウンターの動きがしやすいグリップがいい。

それなら両手の間隔を開けたほうがいいのでは、と思うかもしれないが、やりすぎは禁物。長いドライバーはともかく、短いアイアンで引っかけないよう詰めて握るほうがいい。

また、ヘッドの動きをコントロールするためにも、親指と人差し指は密着させる。他の指も隙間ができないように心がけてほしい。

力がある人はインターロック

従来、非力向けと言われていた、インターロックだが、両手のカウンターの動きを抑えたいパワーヒッターに合う

左右の手を交差させるようにヘッドを振ることから、グリップを見直す

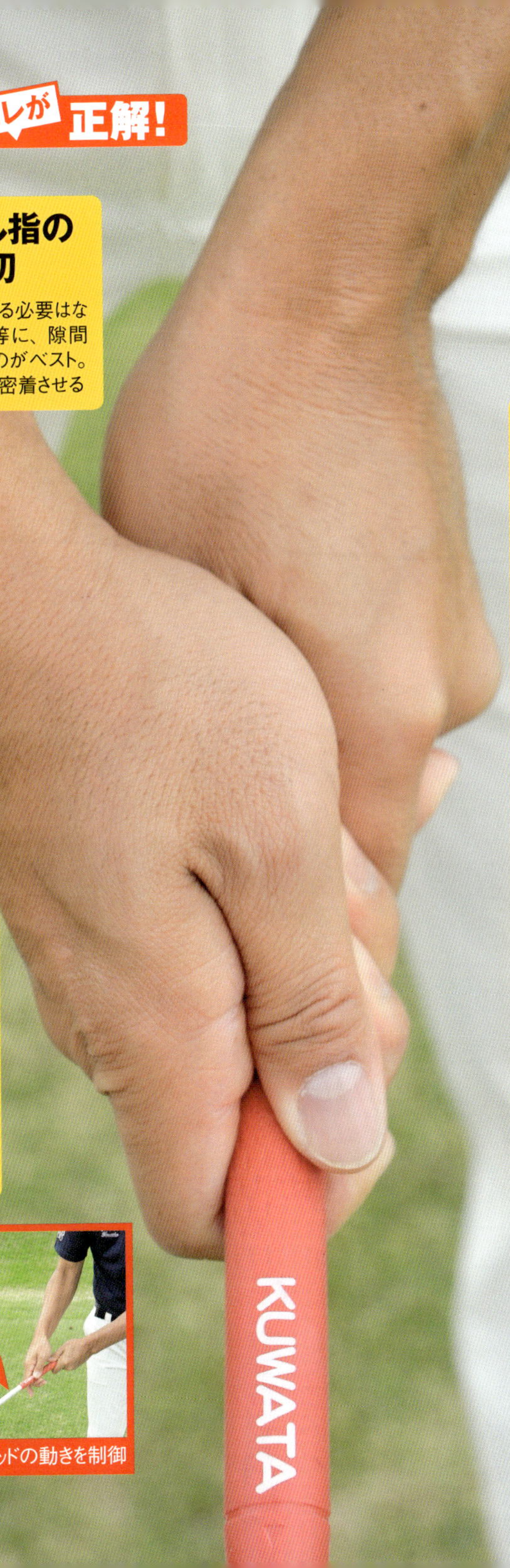

コレが正解！

親指と人差し指の密着感が大切

小指側の3本指を締める必要はない。すべての指で均等に、隙間ができないように握るのがベスト。特に親指と人差し指は密着させる

左手

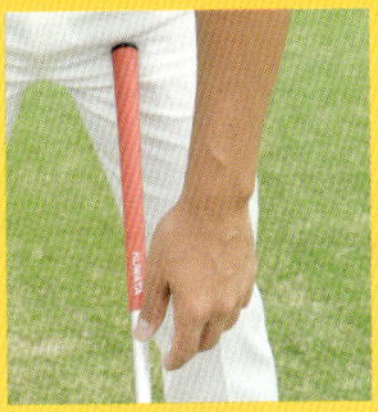

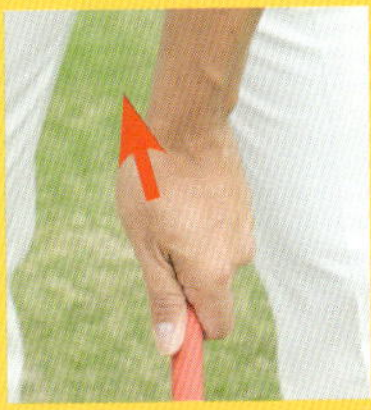

自然に垂らした向きで握る。親指と人差し指のラインが右肩を指す

指の付け根にあてがい包み込むように握る

右手

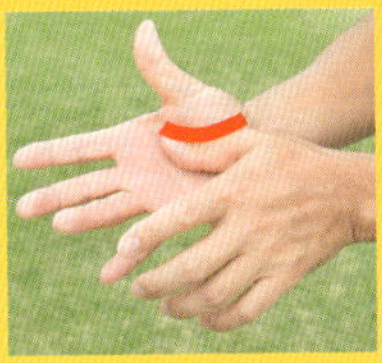

左親指を右親指の下のふくらみで包み込む

親指と人差し指で、ヘッドの動きを制御

飛ばしのヒント④
リズム・テンポを
整える①

ブッ切りにするな！
連続素振りでリズムをつかめ!!

連続素振りではアドレスを取り直したり、振り戻しを省いてはダメ

間のない切り返しは「間抜け」スイング

スイングのリズムを整えるには、連続素振りが有効だ。だが間違えないでほしいのは、1回ごとに区切ったり、振り戻しを省いたりすることだ。

右振り、左振りと、淀みなく振り続けてほしい。スピードをつけるのではなく、トップとフィニッシュの切り返しの速度を同じにするのだ。

切り返しでは一瞬、身体の動きが止まるように見えるが、ヘッドは動き続けているのが正しい。スイングの内周で動く身体と、外周で動くヘッドのバランスが取れている証拠だ。

○ 止まって見える

切り返しで一瞬、身体の動きが止まって見えればベター

コレが正解！

ヘッドの動きを止めない

リズムを整える連続素振りでは、ヘッドはトップとフィニッシュで減速するが、動きは止めない

3球並べて連続打ち 右回り、左回りのリズムで打て!!

ボール位置と軸足の距離感もつかめる

ボールを3個、タテに並べて手前から進みながら連続で打ってみる。ただ前に進もうとすると、ボールとの距離感も合いにくく、なかなかリズミカルには打てないだろう。

コツは、スケートのようにヨコに踏み込みながら進むことだ。右足をボールからちょうどいい所に踏み込みながら振り上げ、その右足に対してスタンスの合う所に左足を踏み込みながら打つ。振り戻しながらまた右足を次のボールに合う所に踏み込んで……と繰り返す。左右の回転のリズムが整ってくる。

ココが間違い!

ただ前に進もうとすると、ボールとの距離感が合わず、続けて打てなくなる

1
2
3
1球目
BEAMSGOLF
コレが正解!
6
7
2球目
ヨコに踏み込む
ボールに対してちょうどいい位置に右足を踏み込み、右回転する

飛ばしのヒント⑥
動きの流れを整える

1本足打法は左に乗るな！右足体重のままで打て!!

クラブを振ってから左に乗っていく

軸ブレや振り遅れのミスを解消するには、ドライバーで1本足打法ドリルが効く。

ポイントは、右足に全体重を乗せたまま打つこと。左足はそっと下ろしてタイミングを取るだけで、踏み込んではいけない。フォローでクラブに引っぱられてから、左に乗るのだ。

左足を踏み込み、振る前に左に乗るのはNG

フォローで、クラブの勢いに引っぱられながら身体をターンしていくことで、左足に乗るのが正しい体重移動だ

右に乗る
上体を右股関節の上に乗せると、バランスよく左足を上げられる

軸足は右
下半身で軸となるのは右足。ここがターンの要になる

コレが正解!

軸ブレ解消!1本足打法

体重移動の間違いを正し、軸回転で打つスイングを身につけるのに、1本足打法のドリルは非常に有効だ

そっと下ろす
左足は踏み込むのではなく、ダウン開始のタイミングを取るだけ

「S2」「S3」に含まれる曲げる要素を生かせ!!

危険エリアはわざと曲げて逃げる

ドライバーでコースを攻める上で「保険をかける」考え方は必要だ。OBなどの危険エリアを確実に避ける要素をおり込んだスイングなら、萎縮せずに振れるので、ミスの確率はグッと少なくなる。

たとえば、左OBのホールでは「左に行かない」ボールを打ちたい。フェードをかけるというのではなく、間違ってもフックや引っかけが出ないように「S2」の動きを強調すればいい。同様に、右に行かせたくない場合は「S3」の動きを強調する。それぞれが持つ、曲げる要素を生かせばいいのだ。

左に行かない

「S2」の下半身のターンを強調することで、スライスする要素がスイングに加わる。右腰の前で打つイメージでOK

コレが正解!

不安にならず、振れるようにする

OBなどの危険エリアに行きそうな不安を抱えると、スイングが萎縮してしまい、ミスになりやすい。その不安を取り除くために工夫するのが「保険をかける」ということだ

ヒール寄りで捕らえると右に曲がる、といった「保険」もOK

右に行かない

「S3」のヘッドを先に振る動きを強調し、フックする要素をスイングに上乗せ。足の動きを止めないよう注意する

飛ばしのヒント⑧
上手なリキみ方

脳から近い腕や肩はNG！遠くにある足とヘッドでリキめ!!

足はどれだけリキんでもいい

プロや上級者も、飛ばしたい場面ではリキむことが多い。それでもアベレージゴルファーのようにミスをしないのは、脳の遠くにある足とヘッドに意識を向けているからだ。

脳の近くにある肩や腕でリキむと、スイングが萎縮してミスになるが、足でギュッと地面をつかんで回転スピードを上げるぶんには問題ない。もちろん、まず「ヘッドを強く振ろう」という前提がないとスライスしてしまうので、上級テクニックとは言える。足で地面をつかむだけでも、トライしてほしい。

脳に近い部位をリキませると、筋肉が緊張してミスしやすい。遠くをリキませる

○ ヘッドと足

リキんで強く動かしていいのは、脳から遠くにあるヘッドと足だ

コレが正解！
ヘッドを意識
リキむなら、まずヘッドを強く手で振ることをイメージする
足で地面を握る
足の指で地面をギュッとつかむことで、回転力がアップする
BEAMSGOLF

ココが間違い！

リキんで強く振ろうとすると、腕や肩に力が入って、肝心のヘッドが振れないまま空回りしやすい

飛ばしのヒント⑨
目線のチェック

打ち下ろしでは要注意！景色に惑わず「目線」は水平!!

ココが間違い！
目線が下がる
打ち下ろしでは、落下地点を意識して目線が下がる

目線が下がったままアドレスが決まると、カット打ちになって低いスライスや引っかけのミスにつながる

ボールの落下地点に気を取られない

打ち上げや打ち下ろしのホールでは、目線が上下するため、アドレスが狂いやすい。意図的に目線を上下させることで、弾道の高低を打ち分けることもできるが、自分で気づかない目線のズレはミスになる。

ドライバーで飛ばしたい場合、目線は常に水平を保ちたい。打ち下ろしなどで目線が下がると、身体の左サイドが下がり、カット打ちになって低いスライスになり、全然飛ばなくなる。

景色に惑わされないよう、自分の目線の高さをチェックする習慣をつけてほしい。普段の心がけでミスは減らせるのだ。

コレが正解!

目線は水平

ボールの落下地点を見つめるのではなく、水平に保つようにする

目線が水平だから、身体のターンも傾かず、正しく行える。練習でも、アドレスで目線もスクエアに整える意識は大切

飛ばしのヒント⑩
即効!調整法

短く持って、ヘッドは真ん中ハーフスイングでやりすごせ!!

フック系ミスを防ぐ
短めに持つ
ヘッドの重さが感じられるよう、数センチだけ短く持って振る
背中→足
「S2」の身体のターンを意識して、フックを防ぐ

悪循環を断ち切るハーフスイング

ラウンド中、左右に曲がりだして収拾がつかなくなることがある。そんなときは、番手を下げてごまかすのではなく、ハーフスイングで調整していこう。

アドレスのスクエアを確認したら、ヘッドを身体のセンター前にセット。グリップは少し短く持つ。その日の乱れの傾向に応じて「S2」ベースか「S3」ベースかを決めて、力感を抑えたハーフスイングで打つ。

これでミート率を上げていき、打球結果がそろってきたら、普段のフルスイングに戻していけばいいのだ。

ボールの先にスパット（目印）を見つけ、スクエアに構えるチェックをする

○ 真ん中に置く

ヘッドをスタンスの中央にセット。軸が傾かず、正しく構えやすい

スライス系ミスを防ぐ

手打ち→足の裏

「S3」のヘッドの先行を意識して、スライスを防ぐ

ドライバーショット

連続写真

連続写真は1枚1枚眺めて、身体の各パーツのポジションをチェックしても、役に立たないイメージが残るだけだ。それよりも、クラブが振られてから体重移動している点や、足で地面をつかんでいるようには見えないな、といったイメージと見え方のギャップを感じ取ってほしい

NO15 PAR5
470y

Column

クラブはスイングの上達を促すように換える

道具選びも、スイングの上達に大きく影響します。

私のレッスンを受けると、スイングが良くなったのに、ショット自体は悪くなる人が時々います。実は、そのときがクラブを換えるチャンスなのです。

ショットのパフォーマンスを10とすると、プロの場合はスイングで7頑張って、クラブに3ぐらい助けてもらっています。アマチュアは逆に、スイングで3しか頑張れないぶん、クラブに7頼るぐらいでもいいんです。だから、プロはシャフトのトルクやしなりが少ないものを選び、アマは逆に「仕事をしてくれる」ものを選ぶのが妥当です。

ですが、最近の高性能クラブは仕事をやりすぎる感じがあります。結果、スイングの向上も妨げているのではないでしょうか。

ボールが捕まらない、ヘッドが走らない打ち方なのに、クラブが捕まえて飛ばしてしまう。こういったクラブは、良いスイングをすると、捕まりすぎて逆にミスになる傾向があります。

つまり、ダメなスイングを固める流れになってしまう危険性があります。だからこそ、スイング作りの過程では、あまり仕事をしないプロモデルなどに移行していくほうがいいのです。

第7章

心がけで差がつく「ラウンド直前ドリル」

ウォーミングアップ25球
①

1カゴで準備万端！ 4つのステップでほぐし切る!!

STEP1
アイアン2本で水平素振り
長いアイアン
短いウェッジよりも、ヘッドが軽くてしなるので、振りやすい

練習時のスイングを早く呼び覚ます

ラウンド前のウォーミングアップは、1カゴ25球程度で効率よく済ませたい。

まず、長めのアイアンを2本持って「S3」のイメージで水平に素振りをする。軸がブレないよう、左右対称に肩から肩へ振ることで、ほぐしていく。

次に、ウェッジを持ち、大きくゆったり「S2」の「背中↓足」のアプローチを行う。軸のヨコ回転を感じながら、その日の感覚を調整する。途中、目標を変えてアドレスの方向感覚もチェック。正しい方向に向いて立てているか、その方向に正しく打ち出せているかを確認し、調整していく。これを5～6球で済ませたい。

胴体は回さず、腕だけをやわらかく振る。肩甲骨周辺と腕がよくほぐれる

STEP2 ウェッジで「背中→足」

手は使わない

「S2」で身体の軸回転をチェックするので、まだ手は使わない

目標を変えることで、その日のアドレス感覚を確認。ズレを調整していく

「背中→足」を意識し、大きくゆったりと打つ。身体のヨコの軸回転が正しくできているかチェックする

「手打ち→足の裏」で仕上げ ドローを打ってスタートしろ!!

STEP3
7番アイアンで「手打ち」
ベタ足でOK
「手打ち」でヘッドを先行させて引っかけ、腕の振りを確認する

「右で振る」感覚で捕まり具合を高める

「S2」アプローチの次は、7番アイアンぐらいで「S3」の「手打ち」を行い、捕まって左へ行くボールを打つ。これは2～3球でいい。

そのまま「手打ち→足の裏」を意識した、通常のフルスイングに移行する。番手を徐々に上げていき、ドライバーで締めれば、25球が終了する。

「手打ち→足の裏」では、なるべくヘッドを「右でゆっくり振る」イメージを強調し、捕まったフック、ドローを打てるようにする。そのぐらいでコースでは、無意識に身体のターンが先に行きたがるので、ちょうどいい捕まり具合になるのだ。

○「右で振る」
身体の右側で大きくゆっくり振ると、ボールがしっかり捕まる

STEP4 「手打ち→足の裏」で仕上げ

○「足の裏」
クラブに右腕、右肩、右腰と引っぱられて最後に右カカトが上がる

スタート直前 超効率調整法 ①

トップもダフリも足りないのは「右で振る」と「手打ち」だ!!

トップ気味なら
→左肩をチェック
左肩が引ける
リリースが遅れて身体がターンすると、左肩が引ける
左肩が残る
リリースが早ければ、左肩は残るのでボールに届く

身体が開くから様々なミスが出る

スタート前の練習で、トップやダフリのミスが続いたら、まずダウンで身体が開いていないか確認してほしい。

ボールに届かないトップ球は、左肩がアドレスより遠ざかるから生じる。だから、肩が右を向いている上体でヘッドをリリースすれば届くようになる。

ダフリも、大抵はリリースの遅れが原因。手元が先行しそうな感覚がして、コックを早くほどいてしまうからだ。リリースするのはヘッドであって、手首ではない。

「S3」の、シャフトを前倒しするリリースでは、手首の角度は残ったまま。だから、ダフらず打てるのだ。

「右で振る」正しいリリースができれば、トップやダフリのミスは出ない

ダフリ気味なら→左手首をチェック

○ ヘッドを出す

早めにシャフトを前倒しするようにリリースすれば、ダフらない

× 手首をほどく

無意識に振り遅れを感じ取ると、身体を止めて手首をほどく。だからダフリになる

左手首の角度を変えないリリースならダフらずに、ヘッドはボールを正しくヒットする

25球も打つ時間がなかったら…ロングアイアンでフックを打て!!

STEP1 広いスタンスで前傾素振り
広いスタンス
腰を落として「手打ち」の素振りをすると、スイング軸が安定する

STEP3
スライスを打つ

最後の2〜3球はスライスを打って「S2」の下半身のターンを確認

プロが実践するウォーミングアップ

私はラウンドレッスンなどで、スタート前に自分の練習時間が取れない場合が多い。そこで、ウォーミングアップは素振りだけということもある。

その場合、ロングアイアンを2本持ち、スタンスを広げて腰を落とした姿勢で前傾し、素振りをする。ティグラウンド脇などで、ツマ先下がりの場所があれば、そこで行う。

さらに少しだけでもボールが打てる場合は、ロングアイアンで「手打ち」主体のフックを打つ。ロフトが少なく、長くて難しいロングアイアンでボールが捕まる感覚があれば、その度合いを「S2」のターンで調整するのはカンタンだからだ。

STEP2
ロングアイアンでフックを打つ

スタンスを右に向け、フェースは目標に向ける。「S3」の「手打ち」で低いフックを打ち、捕まる感覚を確認する

「手打ち」する

ロングアイアンでフックが打てれば、ヘッドが振れている証拠

練習場でのひと工夫 ①

ザックリがまだ直らない?! 「ガムテープ＋片手打ち」しろ!!

右手で打つ
芯に当たる
右手だけで打つとハンドバックになり、ソールが滑る
ココが間違い！
上から入る
ハンドファーストでダフるからザックリになる
テープを叩く

ハンドファーストを徹底解消する

アプローチで「ダフれ！」「ソールを滑らせろ！」と言っても、長年染みついたハンドファーストのイメージはなかなか抜けないもの。そこで、ドリルが必要になる。

練習場のマットで、ボールの手前に10センチほどガムテープを貼る。そこをめがけて打てば、5センチはダフれる。このテープがズレたり、はがれるようでは刃から入りすぎている。

第2章で紹介した「右手打ち」を行うと、ハンドバックでバウンスから着地し、フェースの芯に当たる感覚がつかめるようになる。さらに進めて「左手打ち」もマスターしてほしい。

左手で打つ
ハンドバック
左腕のローリングでヘッドを先に出すから、ボールに届く
前に倒す
シャフトを前に倒すように動かすから、左腕が外れない
ココが間違い！
手が流れる
手をヨコに振って当てようとすると、届かない
左腕が外れる
フォローの左手のポジションに右手が届かない

練習場での
ひと工夫
②

「自己中心的」な構えを作れ！ボール位置は「軸」で決まる!!

ボールを中心にアドレスを移動
センターが基準
手が左太モモ付け根の前に来るのは右手が下だから
回り込む
曲げ球は、向きを変えても姿勢自体は変えずに打つ

曲げ球の練習にはアドレスの確立が先

スイングと弾道は「S2」と「S3」の組み合わせ方がポイント。右を向いて構えて「S3」を強調してドロー、左を向いて「S2」強調のフェードを打つという練習を繰り返すと、自ずとバランスの良い組み合わせ方がつかめてくる。

ただし、その前に「自己中心的」なアドレスを確立する必要がある。「自己中心的」というのは、スイング軸を中心に、ボール位置やスタンスを決めること。ともすればボール位置に気を取られて頭の位置がズレたり、斜面でバランスを崩したりするのは、この「軸感覚」を見失っているからだ。

スイング軸（背骨のライン）を左右に傾けず、手元もセンターに置くのが基本

コレが正解！

ヘッドをセンターからボールに寄せるぶん、頭をわずかに右にズラしてバランスを取る

ココが間違い！

ヘッドをボールに寄せながら、頭もつられて左に動かすのはNG。「ボールを見るな」だ

センターに置く

ヘッドを真ん中に置くことで、スイング軸を傾けない感覚を確認

練習場でのひと工夫③

アイアンがダメな日は左足を前！ウッドがダメな日はカゴを踏め!!

STEP1
アイアンがダメ
目線が左向き
ボールを左に傾けて並べると、カット打ち気味になる
アッパー傾向
身体の右サイドが落ち、下からあおっている

まずは「目線」から試してみる

体調によって微妙にアドレスが崩れ、ウッドだけが当たる日や、アイアンしか上手く打てない日がある。そんな日は、悪いクセが残らないようラウンド後に調整しておきたい。

アイアンがダメなのは、身体の右サイドが落ちてアッパーに打つ傾向が出ているから。左下に振る練習をする。ボールを斜めに3個並べて真ん中を打つ、目線を利用したドリルもあるが、左足をカベにする超クローズドスタンスのドリルも効く。

ウッドがダメな日は、右肩が前に出て打ち込み傾向になっている。左足でカゴを踏みながら打つドリルがオススメだ。

STEP1
ウッドがダメ
目線が右向き
ボールを右に傾けて並べると、インからアウトに振る
打ち込み傾向
右肩が前に出て、ヘッドが上から入っている

STEP2
右足を引く
左足1本で立つイメージの超クローズドスタンスで上から叩く
左足がカベ
左サイドが崩れず、低い捕まったボールが打てるようになればOK

STEP2
カゴを踏む
体重は右足にほとんどかける。「右で振る」を意識してリリース
頭は不動
「手打ち」でクラブに引っぱられる感覚が出るよう、頭を残す

練習場でのひと工夫④

足でリキんで飛ばすなら…インパクトの「形」を覚えろ!!

ゴムティをヘッドでグイグイ押してみる

第6章で、足の指で地面をギュッとつかみ、下半身の「回転力」を上げる飛ばしのヒントを紹介したが、インパクトのイメージが湧かないと、空回りしてスライスにしかならない危険性もある。

そこで、インパクトの「形」を覚えられるドリルを紹介しよう。実にカンタンで、練習場のゴムティなど、固定物にヘッドをあてがって、グッと押すだけでいいのだ。

上体はスクエアのまま、足の回転で腰が30度ほど回り、ヘッドに力を集中させる。単純だが、最初は上手く押せないかもしれない。たとえば、親指と人差し指の間が緩んでいるかもしれない。ハンドバックができていないかもしれない……。実は「クォーター理論」の正しさを確認することにもなるのだ。

コレが正解!
足で回す
足で強く回すから多少沈んだり、伸びるように見える

ココが間違い!
伸び上がる
伸び上がる反動でヘッドを走らせるのはナンセンス

✕ココが間違い！

ボディターン理論を意識したまま、足で強く回ろうとしても、腰が空回りしてティを押せない

○足の「回転力」

足でグイッと回すほど、強くゴムティを押せることがわかる

○ティを押す

「クォーター理論」と違う方法では、強く押せないことに気づく

おわりに

人それぞれ、考え、体力、環境は異なるはず。ゴルフでもそれらは大きく影響しますが、皆さん、ある1つのことを思い込んでやり続けているのでは、と思います。それは「プロのように」スイングし、プレーすること。これが皆さんの目標や手本になっているのではないでしょうか。もちろん、諦めずにそれを最終目標にするのは構いませんが、もっとそこに近づく前に、1つ1つやらねばならないことがあるはず。これはゴ

ルフに限らず、他のスポーツや仕事など、何事においても当たり前のことです。プロゴルファーも小さな頃から、何十年も毎日練習して基本を身につけたからこそ、できるのです。それをいきなり「プロのように」できるわけがありません。
だから私は、自分に合ったものを探し出せればいいと思います。「クォーター理論」では順序よく基本から教え、最終的に4つのスイングイメージの中で合うものを選択するようになります。簡単に言えば、初級、中級、上級、アスリートの4タイプ。プロのイメージは上級、アスリートタイプなので、大人から始め、練習量が少なければ真似るのは困難。それより初級、中級タイプが合うのかもしれません。そうです、「プロのように」ではなく「アマチュアなりに」できる方法があるのです。
もちろん、この本を読んだだけでは「アマチュアなりに」も身につきません。読んだ内容を練習場で試し、コースで実践することを繰り返してこそ、ショット内容が向上し、スコアが減っていくことを実感できるのです。

「スコアは100だろうが90だろうが、いくつでもいい。最終的にゴルフが楽しければ」と言う人もいます。でも本心では、実はやっぱり良いスコアでプレーしたいはず。だって、あれだけ努力しているのですから。頑張って結果が出たときのほうが、本当に楽しいと思える瞬間ではないでしょうか。

まだ諦めないでください。

ゴルフに引退はなく、自分次第で何とでもなるはず。何故ならボールは止まっているから、答えはすべて自分が持っているのです。

それがゴルフです。

桑田 泉

撮影協力

●**川奈ホテルゴルフコース**
静岡県伊東市川奈1459
☎0557-45-1111

●**ゴルフアカデミー　イーグル18**
東京都町田市鶴間677-3
☎042-705-7018
http://www.kuwataizumi.com/

企画・編集協力●㈱風讃社
撮影●高木昭彦
構成●戸川　景
本文デザイン●阪本英樹 ㈲エルグ
イラスト●みやはらまこと
企画・編集●成美堂出版編集部
宮原正美

日本プロゴルフ協会
PGA最優秀ティーチングプロが考案した「クォーター理論」ゴルフ

著　者　桑田《くわた》　泉《いずみ》
発行者　風早健史
発行所　成美堂出版
〒162-8445　東京都新宿区新小川町1-7
電話(03)5206-8151　FAX(03)5206-8159
印　刷　共同印刷株式会社

ISBN978-4-415-31284-2
落丁・乱丁などの不良本はお取り替えします
定価はカバーに表示してあります